한국교회, 인문주의에서 답을 찾다

헬조선과 개독교 시대에 읽는 르네상스와 종교개혁의 역사

배덕만

대장간

대장간문고 005

한국교회, 인문주의에서 답을 찾다

지은이   배덕만
초판발행   2018년 4월 2일

펴낸이   배용하
책임편집   배용하
등록   제364-2008-000013호
펴낸곳   도서출판 대장간
           www.daejanggan.org
등록한곳   충남 논산시 매죽헌로 1176번길 8-54, 101호
대표전화   전화 (041)742-1424 전송 0303-0959-1424

분류   기독교 | 교회사 | 실천
ISBN   978-89-7071-444-8 03230

값 9,000원

차례

들어가는 글

종교개혁 500주년이 지나갔다. 이 역사적인 해를 맞기 위해 수많은 학술대회와 각종 기념행사, 그리고 다양한 종류의 서적과 연구물의 출판이 꼬리를 물고 이어졌다. 하지만 이 뜻깊은 해를 보낸 한국교회의 현실은 안타깝고 암울하다. 부패한 가톨릭의 개혁을 천명하며 시작된 종교개혁, 그리고 그 연장선상에서 설립된 한국교회가 현재 수많은 문제에 휩싸이며 선교 이래 최대 위기에 봉착해 있기 때문이다.

특히 청년들 내부에서 이 나라를 '헬조선'이라고 칭하며 절망과 분노의 목소리가 빠르게 확산되고 있지만, 정작 한국교회는 이런 사회적 현상에 대해 별다른 해법을 제시하지 못하고 있다. 교회를 향해서도 '개독교'란 세상의 욕설이 난무하지만, 이에 대해서도 별다른 대응전략조차 마련하지 못하고 있다. 한국 사회가 점점 살기 어려운 곳으로 퇴보하는 상황에서 내적 위기에 처한 한국교회는 세상의 '빛과 소금'의 역할을 내려놓은 지 이미 오래다.

이 같은 한국교회의 상황은 500년 전 종교개혁 전야의 유럽교회와 여러 모로 닮았다. 지리상의 발견과 르네상스를 통해 유럽은 중세에서 근대로 전환하기 시작했다. 이 과정에서 가톨릭교회는 기존의 관습을 고집함으로써 급변하는 시대에 적절히 적응하지 못했다. 민족국가의 출현, 오스만터키의 침략, 흑사병과 장원제의 모순, 중상주의의 발흥 등으로 유럽에는 불안감이 만연하고 위기의식이 고조되었지만, 정작 세상을 구해야 하는 교회는 권력투쟁, 성직매매, 유물숭배, 성지순례, 성인숭배 같은 비성경적 관행에 중독되어 스스로 붕괴되고 있었다.

그런데 현재 한국교회에도 비슷한 증상들이 나타나고 있다. 신냉전과 북핵문제로 한반도 주변정세와 국내정치는 불안과 불확실 속에서 요동치고, 신자유주의 체제 속에서 서민들의 삶은 하루가 다르게 피폐해지고 있지만, 교회는 더 심각한 내적 모순과 스캔들에 휩싸여서 생존자체가 위태로운 상황이다. 20세기의 전환기에 위기에 처한 민족에게 희망의 등불이었던 교회는 21세기와 함께 후퇴와 추락을 반복하면서 벼랑 끝에 몰려 있다. 개혁의 주체에서 개혁의 대상으로 전락한 것이다. 극적인 방향전환이 없다면 한국교회의 내일은 지극히 암담하다.

이런 한국 사회와 교회의 현실 앞에서, 우리는 종교개혁의 출현에 결정적 영향을 끼쳤던 르네상스 인문주의의 역할과 배경에 주목하게 된다. '헬조선'과 '개독교'로 퇴화하고 있는 한국 사회와 교회를 향한 역사적 교훈을 르네상스 인문주의에서 발견할 수 있으리라 기대하면서 말이다. 물론 르네상스 인문주의가 종교개혁의 유일한 배경도 아니며, 종교개혁 시대와 현재 사이에는 500년의 시대적 간극이 존재하고 있음도 인정한다. 인문주의가 한국 사회와 교회를 위한 만병통치약이 될 수 없다는 것도 안다. 그럼에도 종교개혁 500주년을 보내며 르네상스 인문주의와 현재 한국 사회와 교회의 상관관계를 검토해보는 것은 교회사적 차원에서 의미 있는 작업이라고 믿는다. 그만큼 종교개혁 전야와 현재 한국교회의 현실이 유사하기 때문이다.

이를 위해 먼저 현재 한국 사회의 심각한 논쟁의 주제로 떠오른 '헬조선' 현상과 '개독교'로 표현되는 한국교회를 향한 사회적 비판과 위기를 분석하고, 르네상스 인문주의의 기원과 특징 그리고 영향을 살펴보고자 한다. 르네상스 인문주의와 종교개혁의 연결고리가 된 기독교 인문주의 특히, 대표적 인물인 에라스무스도 주목해 보자. 그렇게 종교개혁 속에 스며든 인문주의의 자취를 추적해나가면서, 세속화와 개혁의 대상으로 타락한 한국교회가 소생할 수 있는 길을 발견할 수 있으면 좋겠다.

2018년 2월

배덕만

제1부
'헬조선'과 '개독교'

제1장

헬조선

왜 헬조선인가?

　최근 한국 사회에 유행하는 '헬조선'이란 용어는 2030세대가 대한민국을 풍자적으로 지칭하는 것으로서 '지옥Hell 같은 조선'이란 뜻이다. 지옥불이 치솟는 반도라는 뜻의 '지옥불반도'라는 말도 동의어로 함께 통용되고 있다. 위키피디아wikipedia는 이 용어의 기원과 확산에 대해서 아래와 같이 설명한다.

　　디시인사이드 역사 갤러리에서 헬조센이라는 말로 사용된 용어였으며, KBS 드라마 〈정도전〉이 방영될 때에도 디시인사이드 정도전 갤러리에서 〈정도전〉 팬들을 놀리기 위해 헬조선이라는 말이 등장하기도 하였다. 그러다 청년실업문제 등 정부정책에 대한 불만, 경제적 불평등, 과다한 노동시간의 문제, 아무리 노력해도 가난

에서 벗어날 수 없는 현실, 또는 일상생활에서의 불합리 등에 사용
되었다. 이후 트위터나 페이스북 등 SNS을 통해 언급량이 늘어나
2015년 9월에 빠르게 확산되었다.[1]

이처럼 이 용어는 N포세대연애, 결혼, 출산, 취업, 내 집 마련, 꿈 등 모
든 것을 포기한 세대 안에서 강력한 공감과 지지를 획득했으며, 다양
한 방식으로 표현·전달되며 젊은 세대를 초월해서 사회 전반에
영향을 끼치고 있다. 무엇보다, 이런 현상의 공적 담론의 장이자
여론 형성 및 확산의 장으로 기능하는 인터넷 사이트들이 등장했
다. '헬조선' 사이트 www.hellkorea.com와 '헬조선연구소' 사이트
http://hellchosun.net가 대표적이다.

뿐만 아니라 '흙수저 빙고게임'[2]과 '부루반도 게임'[3] 같은 게
임도 인터넷을 통해 크게 유행하고 있으며, 소설가 장강명의 신
작 『한국이 싫어서』민음사, 2015의 인기도 이런 현상과 무관하지 않
다. 뿐만 아니라 21세기 한국대학생연합회 등을 비롯한 청년단
체들이 '헬조선 뒤집기 딱지치기' 같은 행위극을 공연했고, '불만
합창'을 만들어 부르기도 했다.

'헬조선'과 함께 유행하는 신조어로 '노오력'과 '흙수저'가 있
다. 먼저 '노오력'은 노력을 희화화하여 탄생한 신조어로서 '노오

력' '노오오력,' '노오오오력'처럼 '노력' 사이에 '오' 자가 많이 들어갈수록 냉소의 강도가 심화된다. 이것은 노력을 강조하는 기성세대를 향해 '한국 사회는 이미 노력으로 극복할 수 없는 상태가되었다'는 근본적 비판과 불신을 표현한 말이다.

이 말은 2015년 5월 5일에 박근혜 대통령이 청와대에서 열린 어린이날 행사에서 자신이 "나라가 발전하고 국민이 편안하게 살기위한 노력을 계속 하다가 대통령까지 됐다"며, "정말 간절하게 원하면 온 우주가 나서서 도와준다."고 말한 것이 유행의 원인이 되었다. 대통령의 이런 발언에 대해서 누리꾼들은 "내가 힘든 이유는 온 우주가 감동할 만큼 노오력하지 않았기 때문"이라고 응수했는데 이것은 정부와 기성세대가 한국 사회의 구조적 문제는 간과한 채 단지 개인적으로 '노력하면 된다'는 메시지를 전파하는것에 대하여 강한 불신과 반감을 표출한 것이다.[4] "금수저로 태어나려는 노오력이 부족했다," "노오력을 강요하는 헬조선을 탈출해야 한다," "노오력이 부족해서 흙수저로 태어났다," "노오력안 한 내 책임"이란 표현들이 대표적인 예다.[5]

'노오력'과 함께 '흙수저' 신드롬도 함께 출현했다. 수저론은 '은수저를 물고 태어나다Born with a silver spoon in one's mouth'란 영국속담에서 유래했다. 유럽 귀족층에서 은식기를 사용하고 태어나

자마자 유모가 은수저로 젖을 먹이던 풍습에서 기원한 속담이다. 그런데 청년들 사이에서 이 속담에 빗댄 이른바 '인간등급론'이 유행하기 시작한 것이다.**6** 금수저, 은수저, 동수저, 흙수저로 분류하다 최근엔 똥수저까지 등장했다. 출생과 함께 부모의 직업, 경제력 등에 따라 본인의 수저가 결정된다는 이론으로서 흙수저는 "부모의 능력이나 형편이 넉넉지 못한 어려운 상황에 경제적인 도움을 전혀 못 받고 있는 자녀를 지칭"한다.**7** 다음의 인용문은 우리 사회에 팽배한 양극화현상을 수저론으로 표현한 것이다.

> 금수저는 영어 유치원을 다니지만 똥수저는 어린이집에서 교사에게 폭행당한다. 초중고등학교 시절, 금수저는 어학연수를 떠나지만 똥수저는 PC방에서 게임을 한다. 대학생 때 금수저는 화려한 파티를 즐기지만 똥수저는 편의점에서 아르바이트를 한다. 대학을 졸업한 후, 금수저는 낙하산으로 좋은 직장에 취업하지만 똥수저는 면접관에게 90도로 폴더 인사만 한다. 은퇴 후, 금수저는 해외여행을 다니면서 노후를 즐기지만 똥수저는 판잣집에서 쓸쓸히 늙는다.**8**

탈출이냐 죽창이냐

왜 젊은이들은 대한민국을 '헬조선,' 또는 '지옥불반도'라고 부를까? 전쟁의 폐허와 독재의 강철군화 속에서 대한민국을 건설한 기성세대와 달리, 왜 젊은이들은 이 나라를 비판하고 어떤 희망도 갖지 못하는 것일까? 대한민국을 헬조선으로 인식하게 만드는 구체적 내용은 무엇일까?

무엇보다 헬조선의 가장 중요한 문제는 청년취업문제다. "헬조선에선 취직이 불가능"이란 트위터의 글은 이런 입장을 대변한다. 대부분의 청년들이 대졸 이상의 학력을 갖고 있는 고학력 시대에 자신들의 학력에 적합한 직장이 보장되지 않음으로써 미래에 대한 청년들의 불안이 고조되고 있다. 뿐만 아니라, 드라마 〈미생〉2014에서 생생하게 묘사되었듯이 취업에 성공했을지라도 직장 내의 억압적 구조, 가혹한 차별, 치열한 경쟁, 불안한 고용상황 등도 청년들에겐 견디기 힘든 고통이며 이 나라를 '헬조선'으로 규정하게 만드는 요인이다. 다음은 '헬조선'에 대한 한 청년의 냉소적 평가다.

비유하자면 삼성은 10명 일할 상황에 12명을 뽑아서 사람을 죽도록 괴롭힌 뒤 2명을 자르는 시스템이고, 현대는 10명 일할 상황에

8명을 뽑아서 죽도록 일하는 시스템이에요. 이게 한국에서 제일 좋은 직장이라죠.**9**

취업문제에서 기인한 청년들의 '헬조선' 비판은 무능하고 무책임한 정부에 대한 날선 비판으로 이어진다. 경제적 위기뿐 아니라 메르스와 세월호 사태 같은 국가적 재난 앞에서 정부의 대책과 대응은 극단적으로 무능하거나 무책임하다고 청년들은 판단한다. JTBC가 2015년 9월에 실시한 설문총 2,040명의 응답자 가운데 90%가 젊은층에서 '한국에 사는 게 힘들다고 느낀 이유는?'이란 항목에 대해 대형 사건사고나 정치적 문제 등으로 인한 '정부 불신'이라고 대답한 응답자들이 가장 많았으며, '한국이 부끄럽다고 느낀 적이 있느냐?'는 질문에 93%가 '그렇다'고 답변했고 그 이유 중 '정치 불신'이 압도적으로 많았다.**10**

그렇다면 청년들이 주장하는 헬조선의 해법은 무엇일까? 문제의 일차적 책임을 정부와 정치의 무능력에서 찾는 반면, 이에 대한 청년들의 해법은 정치가 아니라 '탈출'과 '죽창'이다. 취업에 실패한 이들뿐 아니라 이미 남들이 부러워하는 직장에 다니는 사람들도 헬조선에서 탈출하는 것을 유일한 해법으로 믿고 있다. 아무리 해외에서 외국인으로 사는 것에 불편과 차별이 있더라도 헬조선에서 고통받는 것보다 나을 것이라고 기대하기 때문이다. 위에서 인용한 설문에서 '한국이 싫어서 다른 나라로의 이민을 생각해본 적이 있냐?'는 질문에 2,100명의 응답자 가운데 88%가 '있다'고 대답했다는 것이 이런 현상의 단적인 증거다.

하지만 탈출을 꿈꾸는 것보다 더 심각한 문제는 적지 않은 수의 청년들이 헬조선의 해법으로 '죽창'을 선택하는 것이다. 헬조선 사이트의 메인 화면에도 죽창 그림이 나온다. 이때 죽창은 혁명이나 변혁을 뜻하지 않는다. 죽창으로 상징되는 죽음 앞에선 금수저나 흙수저가 모두 평등하다는 섬뜩한 의식이다. 이 나라를 헬조선으로 생각하는 한 청년의 발언이다.

> 네까짓 게 금수저라고 아무리 잘난 척해도 죽창 앞에서는 너나 나나 한방에 나가 죽는 평등한 존재"라고 말해주는 것인데 속이 시원해지죠.**11**

해석 – '망했다'에서 '잘못됐다'로

다수의 전문가들은 헬조선 현상을 '한국 사회의 구조적 문제에 대한 청년세대의 자각'으로 풀이한다. 민경배경희사이버대학교 모바일융합과는 "청년세대가 한국 사회의 구조적인 문제에 대해 자각했다는 방증이다, …이들의 구조적 문제에 대한 분노가 임계점을 넘어섰다."고 해석했으며,[12] 사회학자 류연미는 "지금 많은 사람들이 '헬조선' 즉 '한국 사회가 지옥 같다'고 말하게 된 것은 이제 각자도생마저 불가능하며 그것이 나의 노력의 부족이 아니라 이 국가의 구조적 문제라는 인식까지 도달했음을 의미하는 것이 아닐까 싶어요."라고 진단했다. 권영준경희대 경영학부도 "정부도 정당도 청년세대의 분노를 달래지 못하고 있다. 오히려 불신만 심화시키고 있다. …이대로라면 자생적 반사회주의자들이 급속도록 늘 수밖에 없다."고 상황의 심각성을 지적했다.[13]

반면, '헬조선' 현상에 대한 비판과 우려의 목소리도 적지 않다. 기본적으로 이들은 한국 사회의 구조적 문제에 대한 청년세대의 비판에 동의하지 않는다. 이런 비판을 근거 없는 불만으로 치부하거나 부조리한 현실을 거부할 수 없는 현실로 인정하거나 또는 무능하고 무책임한 개인들의 이기적 불평으로 간주한다.

예를 들어 김무성새누리당은 "세계 모든 나라가 대한민국 성장과 발전을 부러워하는데 정작 나라 안에서는 '헬조선' '망할 대한민국'이란 단어가 유행한다."라고 비판했다.[14] 남정욱숭실대 문예창작학과은 "정상적인 인간이라면 이 대사에 정신이 번쩍 들어야 한다. '헬조선'은 분수를 상실한 불평분자들의 마음 속에 있다."**15** 곽금주서울대 심리학과는 '헬조선'이라는 유행어에 대해 "개인의 분명한 잘못까지 사회 탓으로 돌리는 분위기를 조장할 수 있다. … 온라인에서 군중심리도 작동하는 것 같다. … 속이 시원해지면서 카타르시스 효과는 있겠지만 그게 너무 지나치면 문제가 된다."고 우려를 표명했다. 노학자 이어령도 "우리는 숱한 고비를 넘겨왔다. 지옥을 천국으로 만드는 도전정신이 필요하다. 남만 탓하면 영원히 지옥이다. 젊은이에게는 희망과 용기가 있다."**16**고 '헬조선' 현상을 주도하는 청년들을 질책했다.

한편, 적지 않은 수의 학자들은 '헬조선'에 대한 청년들의 문제의식에는 동의하지만 이들이 보여주는 반응과 태도에는 문제가 있다고 지적한다. 기본적으로 이들은 청년세대가 직면한 장벽의 규모와 범위가 엄청나다는 데 동의한다. 그래서 이들이 쉽게 낙담하거나 체계적 해법을 찾지 못한다고 평가한다.

하지만 이 지경까지 오게 된 요인이 너무나 촘촘하고 견고해서 어떤 대상을 잡아 이슈로 만들지조차 난망하다고 생각하게 된 사람들이 많다면, 여기에 저항하는 것 역시 손에 잡히지 않는 선택지일 것이고요. 저항 대상이 한국 사회 전체가 됐을 때 구체적인 실천방식은 막막해진다는 것을 보여줍니다.**17**

따라서 이런 난해한 문제를 해결하기 위해선 정치권과 사회 전체가 힘을 모아야 한다. 불신과 패배의식에 사로잡힌 청년들에게 분발과 노력을 촉구하는 것은 현재로서 적절한 전략이 될 수 없기 때문이다.

이병훈중앙대 사회학과은 "나라를 떠나는 이들을 붙잡을 수는 없지만 젊은 세대가 대한민국을 더 나은 방향으로 바꾸려는 희망이라도 가질 수 있도록 사회 전체의 노력이 절실하다."**18**라고 평가했고, 김석호서울대 사회학과는 "'헬조선' 담론은 더 냉소적으로 변하고 있다. … 정치개혁과 시민사회 역량 강화로 풀어나가야 하는데, 어쩌면 지금이 골든타임일지도 모른다."라고 지적했다.**19** 같은 맥락에서 진명선한겨레경제사회연구원도 "상식과 정상을 말하는 정치인들은 '헬조선'이 애국하지 않는 이유에 주목해야 한다."고 정부를 향해 주문했다.**20**

동시에, 청년들이 '망했다'는 비관과 포기에 머물지 말고 정치적 해결의 주체가 되도록 주문하는 목소리도 있다. '헬조선'의 참담한 현실이 정치적 문제이며 책임이 정부에게 있다면, 그래서 결국 이 문제의 해법이 정치적일 수밖에 없다면, 청년들이 정치적 해결을 위해 능동적으로 행동해야 한다는 것이다. 탈출이나 죽창 같은 해법은 결국 개인적 사적인 차원에 머물기 때문에 궁극적 해법이 될 수 없다. 이런 입장을 대변하는 이광택경희대의 생각이다.

> '망한민국'이나 '헬조선'이나 모두 이런 '망했다'는 수사에 기반을 둔 표현인 것 같다. 이 수사는 사회의 불평등이나 부조리에 대한 불만에서 기인했으면서도 실질적으로 어떤 정치적 기획도 기대하지 않도록 만든다는 점에서 문제적이다. … 지금 필요한 것은 '망했다'는 정서가 놓여 있는 자리에 '잘못됐다'는 생각을 놓는 것이다. '망했다'가 모든 것이 하나로 통합되어버린 디스토피아를 전제하는 것이라면, '잘못됐다'는 디스토피아의 이미지가 누락하고 있는 지점을 밝혀내고 권리를 주장하는 것이다. … 정치는 '망했다'는 선언보다 '잘못됐다'는 선언에 가깝다. 무엇인가 '잘못됐다'고 생각하고 자신의 권리를 주장하는 과정이 바로 정치인 것이다.**21**

제2장
개독교

현실—외면과 추문 그리고 위기

한국 사회가 '헬조선'으로 명명되는 시대에 한국교회는 '개독교'란 새로운 이름을 얻었다.**22** 물론, 이 용어는 한국교회를 공정하고 정직하게 표현한 것일 수 없다. 따라서 이 용어에 내포된 편파성과 폭력성은 교회 안에서 강력한 반발을 불러왔다. 하지만 이 용어가 순식간에 대중화되었다는 사실은 한국교회를 바라보는 교회 안팎의 시각이 그만큼 부정적이란 사실을 단적으로 보여 준다. 한국교회가 위기에 처했다는 증상은 이미 다양한 통계를 통해 제시되고, 교회 안에서 몸으로 확인되고 있다. 이것은 '헬조선'으로 표현되는 한국 사회의 구조적 문제와 한국교회가 직간접적으로 연루되어 있기 때문에 더욱 간과할 수 없는 문제다.

그렇다면 현재 한국교회가 처한 현실은 어떠한가? 무엇보다,

한국교회가 양적으로 급감하고 있다. 한때 경이적인 성장으로 세계를 놀라게 했던 한국교회가 1990년대 중반을 기점으로 빠르게 감소하는 중이다. 특히 이런 수적 감소는 한국의 종교인구 수가 꾸준히 증가하고 천주교인의 수가 급증하는 것을 고려할 때 훨씬 더 심각해진다. 양희송이 정리한 내용을 인용해보자.

> 한국 사회는 이 시기1985~2005 동안 점점 더 종교적인 사회가 되어가고 있다. 1985년에 종교를 갖고 있는 사람은 전 인구의 42.6%였다. 1995년에 이것이 50.7%가 되어서 처음으로 종교인구가 과반수를 넘어서기 시작한다. 2005년에는 53.1%로 더욱 종교성이 강한 사회로 전진하고 있다. ⋯ 2005년 통계에 따르면 전체 4,700만 인구 중 불교의 규모가 가장 컸는데, 10,726,463명으로 전체 인구의 22.8%를 차지했다. 개신교가 두 번째 규모인 8,616,438명으로 18.3%였다. 천주교는 세 번째였는데, 5,146,147명으로 10.9%였다. 첫 10년간1985~1995에 불교는 2,261,388명이 늘었고, 개신교는 2,271,054명이 늘었다. 천주교는 1,085,333명이 늘었다. ⋯ 1960년대 초반 종교인구 통계와 비교하면 25년 만인 1985년의 종교 인구는 불교 6배, 개신교 10배, 천주교 3배 정도가 늘어난 숫자다. 그런데, 이러한 양상이 다음 10년1995~2005

의 기간 동안 급격히 변한다. 큰 흐름은 이렇다. 불교 정체, 개신교 감소, 천주교 대약진. 불교는 10년 사이에 405,451명이 늘어나서 전체 인구의 22.8%를 구성한다. 그러나 이 증가 숫자는 인구성장률에 미치지 못했기 때문에 증가율은 0.1%였다. 정체된 것이다. 개신교는 18.3%로 규모상 2위를 유지했지만, 내용은 확연한 감소세를 보였다. 약 144,000명이 줄어들었고, 성장률은 1.4%였다. 가장 두드러진 현상은 천주교의 대약진이다. 인구 대비 6.7%에서 10.9%를 차지하는 규모가 된 것은 불과 10년 사이에 2,195,417명이 늘어나서 성장률 74%를 기록한 덕분이다.[23]

이 통계와 함께 고려해야 할 점은 교회 이탈자들 그리고 이단과 '가나안 성도'[24]의 숫자다. 2004년 갤럽 조사에 따르면 개신교를 거쳐 간 이탈자 수가 758만 명으로 추산되었고 이들 중에서 타종교로 개종한 수는 198만 명으로 집계되었다.[25] 한편 예장통합 이단사이비대책위원회의 자료에 따르면 2005년 한국의 이단종파는 150여 개로 200~300만여 명이 이단에 빠져 있는 것으로 드러났고,[26] 한국기독교목회자협의회한목협가 2013년 1월에 발표한 설문조사에 의하면 "자신을 그리스도인이라고 밝힌 사람들 가운데 10% 정도가 교회에 출석하고 있지 않다고 답했다. 이를 그대

로 적용해서 한목협은 '교회에 나가지 않는 그리스도인' 수를 100
만 명가량으로 추정할 수 있다고 보았다.**27** 이런 정황을 고려한
다면 실제 교회에 출석하는 교인들의 수는 훨씬 적을 것이다.

동시에, 본질에서 벗어난 추문들이 교회 안에서 계속 발생하면
서 한국교회에 대한 사회적 평가가 급격히 악화되고 있다. "목회
자의 성 윤리 문제, 돈에 대한 탐욕의 문제, 시대에 맞지도 않고
성경적이지도 않은 타 종교를 향한 현대판 십자군 전쟁의 문제,
타락한 중세시대에나 있었던 교권의 절대화 문제 등이 터져 나온
것이다."**28** 이런 현상에 대해서 최윤식은 불교, 천주교와 비교하
며 구체적인 수치로 문제의 심각성을 지적한다.

> 한국 기독교는 다른 종교에 비해 부정적 이미지가 많은 것으로 드
> 러났다. 한국 교회 이미지에 관한 조사 결과를 보니, 한국 교회가
> '영적인 문제에 해답을 주지 못하고 있다'는 81.4%, '지도자의 자
> 질이 부족하다'는 76%, '진리 추구보다 교세 확장에 관심을 갖고
> 있다'는 71.1%, '봉사 등 사회적 역할을 못하고 있다'는 69.9%의
> 반응이 나왔다. 반면 불교에 대한 인상은 '영적인 문제에 대한 해
> 답을 제공한다', 가톨릭은 '지도자가 우수하고 대사회적 역할을
> 잘한다'고 응답했다. 그리고 경제적으로 어려움에 직면했을 때 도

움을 어디에 구할 것인가? 하는 물음에 '기대할 곳이 있다' 70%, '사회단체' 13%, '사찰' 8.4%, '성당' 7.4%인 반면 '교회'는 0.7%밖에 되지 않았다. 참으로 비참한 결과다. 한국 교회의 사회적 공신력의 수준을 현저하게 드러낸 결과다.**29**

뿐만 아니라, 현실적인 위기가 한국교회 생태계를 구성하는 주요 기관들의 위축과 왜곡으로 이어지면서 교회의 병리현상이 더욱 심화되고 있다. 김진호제3세대 그리스도교연구소의 분석에 따르면 신학대학, 교회, 시민운동이 본질에서 벗어남으로써 한국교회 위기의 원인이자 피해자가 되고 있다.

먼저 교단신학교 교육이 위기에 처했다. 학생들의 관심이 '교회성장학'이나 '목회상담학' 등에 치우침으로써 "사회와 국가, 역사, 세계 등에 대한 신학적 관심, 특히 자기성찰을 위한 인문학적 소양이 급격히 쇠락하는 현상을 동반했다." 특히 1992년 감신대 변선환, 홍정수 교수 파면 이후 "학문에 대한 교회의 통제가 본격화"되었고 "이후 신학자들이 침묵하면서 교회의 성찰 잠재성은 파탄 지경에 빠지게 된다."**30**

이밖에 성장 정체 및 감소로 인해서도 교회는 위기에 처했다. "2002년부터 2008년 사이 폐업한 교회 수는 매년 1,300개 이상"

으로 추산되며 "미자립 교회의 비율도 전체 교회의 40~50퍼센트"에 이른다. 동시에 1990년대 이후 많은 교회들이 재정적 압박에 시달리고 있는데 주요 원인은 교회 건축이다. 이런 재정적 부담은 교회의 사회부조나 복지지출을 줄이고 교회성장에 몰두하게 만들었다. 그 결과 교회마다 "미국발 번영신학의 성장 프로그램들을 도입하는 데 더 열을 올리게 됨으로써 자기 자신과 세계에 대한 교회의 성찰 능력은 점점 더 감퇴하고 사회적 공공성에 대한 몰인식은 현저히 강화되는 결과를 초래했다."**31**

끝으로 한국기독교교회협의회NCCK를 중심으로 한 기독교 시민운동이 크게 약화되었다. 1991년에 한국 정부가 경제협력개발기구OECD에 가입하면서 외국의 재정 지원이 끊어지고 대형교회들의 지원을 받게 되었다. 그 결과 NCCK의 진보성을 추동했던 인권위원회의 역할이 축소되었고 한국교회의 신앙과 신학은 사회적 공공성의 문제에 제도적으로 둔감해지기 시작했다.**32** 이처럼 현실적 위기가 신학의 변질과 사역의 왜곡을 초래하고 이것은 다시 교회의 위기를 심화시키는 악순환의 고리가 형성된 것이다. 이런 고리가 더욱 견고해지는 것이 오늘의 서글픈 현실이다.

원인-혼합과 타협 그리고 실패

그렇다면 한국교회는 왜 이런 비극적 상황에 처하게 되었을까? 한국교회의 위기를 초래한 보다 근본적인 원인들은 다음과 같이 정리될 수 있을 것이다.

첫째, 한국교회 안에 종교적 혼합주의가 만연해 있다. 기독교의 역사는 선교의 역사며 선교는 문화접변을 필연적으로 수반한다. 토착화과정을 겪는 것이다. 물론 기존의 전통종교와 기독교 사이에는 공통점도 많으며 기독교의 수용과 빠른 성장에 긍정적 영향을 끼친 것도 적지 않다. 하지만 이 과정에서 전해준 복음과 토착화된 복음 사이에는 주목할 만한 차이가 발생할 수밖에 없고 그것의 부정적 화학작용이 한국교회의 변질과 위기를 촉발했다. 자크 엘륄Jacques Ellul이 서구기독교에서 발견했던 현상이 한국교회에서도 동일하게 발생한 것이다.

대중들의 마음속 깊이 자리 잡은 신심이자 때로는 무의식적인 몇 천 년 된 신심이, 단 한 번의 세례와 '회심'으로 청산될 수 없었다. 이교도는 자신들의 이교를 가지고 교회에 들어왔다. … 서둘러서 기독교화 된 주님들에게 그들이 살던 지역의 수호신을 버리게 할 수 없어서, 지역 수호신에게 세례를 베풀고 교회가 인정하는 성인으로 삼는 쪽을 택하였다. … 새 신도들에게 그들의 옛 신심들을 버리도록 요구하지 않았다. 일종의 다양한 종교의 집합소가 된 기독교의 틀 속으로 그들의 옛 신심들이 통합되었다. 이것은 아직 혼합주의는 아닌데, 우리는 혼합주의를 나중에 보게 된다.**33**

예를 들어 한국교회가 지나치게 기복주의로 경도된 것은 무속의 부정적 영향이다. 복을 구하는 것은 종교의 근본적 요소이므로 그 자체를 비판할 수 없다. 하지만 무속이 고등종교로 인정받지 못하는 것은 상대적으로 무속 안에 윤리와 공공성이 부재하거나 빈약하기 때문이다. 즉 종교가 사적·이기적 목적을 위해 기능할 때 종교는 사회통합 대신 분열과 갈등의 요인이 되기 쉽다. 뿐만 아니라 무속은 단골의 사적 이익을 위해 점, 부적, 굿을 통해 무당이 신을 조정·통제하는 구조다. 이런 무속이 한국교회에 영향을 끼쳐서 기도, 예배, 헌금 등을 통해 하나님의 축복을 유도하고 심지어 사적 이익과 교회성장을 위해 성령을 수단화하려는 모습마저 노출했다.**34** 뿐만 아니라, 유교의 삼강오륜이 미풍양속으로 인정될 수 있지만 한국교회 안에선 성직주의와 교회세습이란 부작용을 낳기도 했다.**35**

둘째, 한국교회는 끊임없이 세상·현실과 타협해왔다. 사실 한국교회는 한국의 근대사와 운명의 궤적을 공유한다. 조선이 쇄국의 문을 열면서 한국교회의 역사도 시작되었고, 일제 강점기, 분단과 전쟁, 냉전과 군부독재, 경제성장과 민주화의 터널을 한국사회와 한국교회가 함께 통과하며 성장했다. 그 결과 한국교회는 대한민국의 역사와 본질을 공유하고 한국교회사는 한국근대사의 축소판이 되었다.

이 과정에서 한국교회는 때때로 일제, 공산주의, 독재정권에 저항하는 영웅적 모습도 보였지만, 기성체제 및 부당한 권력에 소극적으로 순응하거나 적극적으로 협력하는 기록도 남겼다. 특히 분단과 전쟁을 겪으면서 월남한 신자들을 중심으로 재구성된 한국교회는 출신성분과 종교적 특성상 자연스럽게 반공과 친미의 선봉에 서게 되었는데, 제1공화국부터 제5공화국까지 정치적 기반 및 정통성이 부족했던 정부가 한국교회에 특혜를 베풀면서 밀월관계를 유지했다.**36**

이런 상황에서 소수의 기독교인들을 제외하고 한국교회는 독재정부의 부당한 억압과 실정에 대해 예언자적 기능을 적절히 수행하지 못했고 노동자들을 포함한 사회적 약자들의 '선한 이웃'이 되지 못했다. 대신 부흥운동, 전도·선교운동, 성령운동을 통해 교세 확장에 치중하며 양적 팽창에 성공했고 한국 사회의 주변

종교에서 주류 종교로 변모했다. 이것은 때로는 생존을 위한 현실적 필요에 의해서, 때로는 역사적 경험과 신학적 확신에 근거해서 선택한 결정이요 결과였다. 하지만 현실과의 타협 및 순응은 한국교회를 반쪽 종교로 만들었다. 예언자적 기능을 상실한 제사장적 종교, 사회 구원을 포기한 개인 구원의 종교, 보편적 가치보다 개인적 이익을 추구하는 종교, 공존과 상생 대신 배제와 분리에 익숙한 종교가 된 것이다.**37**

끝으로 한국교회 안에서 신학이 제 기능을 수행하지 못했다. 한국교회는 텍스트text와 컨텍스트context, 복음과 상황, 성경과 현장에서 양자의 균형 대신 텍스트, 복음, 성경을 일관되게 선택해 왔다. 하지만 컨텍스트에 영향을 받지 않는 텍스트는 없다. 복음은 상황 속에서 선포되고, 성경은 현장을 배경으로 해석되기 때문이다. 물론, 텍스트가 컨텍스트에 대한 이해와 실천, 해석과 변혁에 영향을 주지만 그 반대도 마찬가지다. 동일한 말씀이 상황과 환경에 따라 전혀 다르게 해석되지 않는가! 동시에 아무리 상황과 환경이 변해도 결코 타협될 수 없는 복음이 존재한다. 결국 기독교는 이런 양극의 긴장 속에 유동적으로 존재한다.

이런 맥락에서 한국교회는 '한국 사회와 문화 속에서 성경을 읽어내면서 동시에 성경을 통해 한국 사회와 문화를 비판적으로 성찰하는' 한국적 신학을 만드는 데 실패했다. 현실의 억압과 왜곡 앞에서 이에 대한 저항 대신 순응, 개혁 대신 타협을 선택함으로써 한국교회의 신학은 늘 타계적他界的, 개인적, 영적 특성을 유지하되 총체적, 사회적, 물리적 특성은 상실했다.

그 결과, 이런 실험의 산물이었던 민중신학, 토착화신학은 뿌리를 내리지 못했고 그 자리를 번영신학과 교회성장학, 은사주의가 대체했다. 성경에 근거해서 이념과 자본의 위협을 비판하고 저항하는 대신 이념과 자본의 눈으로 성경과 교회를 해석하는 경향이 지배적이었다. 우리의 현실과 전통에 근거한 신학 대신 크리스텐덤Christendom의 유산과 자본주의에 근거한 서구신학을 수입하는 데 몰두했다. 그 결과, 한국의 독특한 현실에 근거하여 복음의 총체성을 추구하는 신학 대신 탈맥락적, 관념적, 피상적, 서구적 신학이 유행하게 된 것이다.**38** 신학의 왜곡은 필연적으로 목회와 사역의 왜곡으로 이어질 수밖에 없다.

처방−사회적 영성의 회복

한국교회의 위기를 극복하기 위해서 다양한 처방들이 제시되어 왔다. 위에서 제시된 여러 병리현상들과 그것들을 초래한 요인들을 고려할 때, 주목해야 할 처방들은 크게 세 가지로 정리할 수 있다.

첫째, 현재 한국교회는 '사회적 영성'을 회복해야 한다. 한국교회는 과도하게 사적, 개인적, 영적, 또는 이기적 모습을 드러내고 있다. 한국교회에 만연한 기복주의, 신비주의, 개교회주의 등은 결과적으로 사회와 타자에 대한 관심을 약화시켰다. 구원이 개인적 영적 차원에 한정되고 목회가 교회의 양적 성장에 치중하며 신학과 성경 해석이 철저히 초월적, 추상적, 개인적 차원에 머문다는 비판이 끊이지 않는다. 따라서 교회의 사회적 관심과 책임의 회복이 한국교회 회복을 위한 중요한 해법으로 제시되는 것은 지극히 당연하다. 김진호의 말을 들어보자.

> 나는 '사회적 영성'을 재발견하고 회복하는 특별한 노력이 필요함을 강조하고 싶다. 〈요한복음〉의 어법에 따르면 '영'은 '사람이 된 신예수'이 인간의 육체성의 한계를 극복하고 시공간적 경계를 가로질러 모든 이들의 마음속에 함께하는 존재다. 그러한 영의 속성을 영성이라고 한다면, 사회적 영성은 그 영이 교회 안에 갇혀 있는 것이 아니라 세상 속 구석구석에 두루 현존하고 있으며, 그 속에서 영이 된 신이 낯선 이들타자과 함께 살아가고 있다는 것을 함축하는 표현이다. 앞서 말했듯이 정치가 이웃을 적으로 만드는 과정이 아니라 적을 이웃으로 만드는 과정이라고 한다면, 이런 정치는 신

앙의 사회적 영성화에 따르는 생각과 행위일 것이다. … 하여 정치
세력화를 도모하는 오늘의 교회가 품어야 하는 생각은 '사회를 교
회화' 하는 것이 아니라 '교회적 신앙을 사회적 영성화' 하는 것이
다.**39**

둘째, 한국교회는 종교 본연의 초월적 가치를 추구해야 한다.
종교가 궁극적 관심이 되지 못하고 삶의 또 다른 수단으로 남용
되는 상황에서 궁극적 해법은 신앙의 본질을 회복하는 것이다.
복음이 제시하는 궁극적 가치 앞에서 우리의 삶과 존재 자체를 상
대화하며 복음으로 우리 자신을 재구성하려는 노력 없이 교회의
온전한 회복은 불가능하기 때문이다. 최규창의 제안이다.

교회가 추구하는 가치가 세속적 프레임을 초월하지 못하면 그 어
떤 노력도 장기적으로 결실을 맺지 못할 것이다. 교회는 종교 본연
의 '초월적 가치'를 보여주어야 한다. 여기서 초월적 가치는 좌냐
우냐를 따지는 것이 아니라, 그것을 넘어서 '그리스도의 참된 제
자'가 되는 삶을 말한다. 이것은 때로 자신의 이익에 심각한 타격
이 되거나 밥줄과 목숨이 위태로워질 수도 있는 상황을 전제로 한
다. 복음이 말하는 것이 무엇이며, 그것이 각 시대와 프레임에 어

떻게 도전해왔는지를 살펴보는 것이 중요하다. 복음은 인권이 무시되고 가난한 자가 억압받는 시대에도 인간이 하나님의 형상으로서 존귀하게 여겨져야 한다는 것을 역설한다. 정치적 입장을 우로 하건 좌로 하건 국가가 가난한 자들을 돌보고 개인의 자유를 확장하는 쪽으로 나가야 한다고 강조한다. 또한 인류의 불행이 다른 사람보다 더 편하고 잘살고 싶은 욕구에서 비롯된다는 사실을 인정하고, 그것을 극복하기 위해 자기 욕망을 쳐서 복종시키고 영성을 훈련해야 한다는 사실을 알려준다. 또한 그것이 불교의 가르침과 같이 우주의 브라만과 합일되는 개인의 수도에 의해서가 아니라, 초월적인 창조주의 도움으로만 가능하다는 현실적 신비주의를 견지한다.**40**

셋째, 한국교회의 치유와 회복을 위해 한국교회의 생태계를 재구성해야 한다. 한국 사회 내에서 한국교회가 처한 위치, 한국교회가 감당해야 할 사명, 그리고 한국교회의 역량과 한계를 고려할 때 한국교회의 회복은 한 개인이나 특정한 영역 또는 특정한 방식으로 쉽게 성취될 수 없다. 말하자면 단 한 번의 복용으로 모든 병을 낫게 하는 만병통치약은 없다. 이에 대해 양희송은 다음과 같이 제안한다.

첫째, 지역교회와 개별 신앙공동체의 장을 결코 긍정적이든 부정적이든 과소평가하지 말아야 한다. … 자신이 속한 신앙공동체를 최선의 상태로 만들어야 한다. 그런 곳을 만들든지, 아니면 그런 곳을 찾으라. 둘째. 연합운동의 장을 소중하게 여겨야 한다. 이런 장을 만드는 일과 그곳에서 행해지는 일은 격려받아야 하고, 좋은 결과들은 선의를 갖고 유통시켜야 한다. 이미 존재하는 거대 구조를 유지하는 데 모든 역량을 쏟을 것이 아니라, 이러한 혁신적 모험에 투자해야 한다. 셋째, '기독교 사회'를 위한 인프라를 구성해야 한다. 전 시대의 인프라들이 퇴색하지 않고 그러한 역할을 더욱 잘하도록 견인해야 한다. 하지만 언제나 새로운 시대는 새로운 사람과 새로운 조직의 등장과 더불어 시작된다. 과감한 시도들이 우후죽순처럼 생겨나야 한다. 넷째, 시대정신을 붙잡아야 한다. … 한국 개신교는 우리 시대의 핵심적 과제를 과감히 부여잡고서, 이를 신앙적으로 풀어내고자 하는 혼신의 시도 속에서 제 길을 찾아야 할 것이다. 개신교가 잘못하면 한국 사회도 망가질 수 있다. 반대로 개신교가 잘하면 한국 사회가 풀지 못한 해묵은 숙원을 해결할 수도 있다.**41**

제2부
르네상스 인문주의와 종교개혁

제1장
르네상스

배경

　중세 후기에 북유럽, 라인강 유역, 이탈리아 북부와 중부에서 상업과 은행업이 크게 발달하면서 빠른 속도로 부가 축적되었다. 신흥부자들과 군주와 교황들이 이런 부를 토대로 문학과 예술을 후원하기 시작했다. 르네상스의 든든한 후원자들이 된 것이다. 정치적으로, 신성로마제국과 교황청이 심각하게 대립하는 동안 12-13세기 이탈리아 북부는 심각한 피해를 입었다. 하지만 13~14세기 동안 독일에서 세습 왕조가 해체되고 연방국가 체제가 들어섰으며 로마에 있던 교황청이 프랑스 아비뇽으로 이주했다. 그 결과 이탈리아 북부 지역이 제국과 교황청의 압력에서 벗어나면서 르네상스가 발흥할 수 있는 정치적 자유를 확보했다.**42**

　한편 동시대 유럽에는 수천 개의 작업장들이 문을 열면서 돌과

가죽, 금속, 나무, 석고, 화학약품, 직물 등을 전문적으로 생산하고 사치품과 기계류를 다양하게 제작했다. 르네상스의 대표적 화가와 조각가, 건축가들이 바로 이런 작업장 출신이었다.**43** 이 시기에 인쇄술도 혁명적으로 발전했다. 저렴한 종이의 대량 구입이 가능해지면서 인쇄술 발전에 중요한 발판이 되었다. 1446년에서 1448년 사이에 마인츠 출신의 금세공인 요하네스 구텐베르크 Johannes Gutenberg와 요한 푸스트Johann Fust가 활자를 만들었다. 폴 존슨Paul Johnson은 당시 상황을 이렇게 말했다.

> 인쇄업이 발전하기 이전에는 아무리 규모가 큰 도서관이라 하더라도 기껏해야 600권 정도의 책을 소장했고 유럽 전역의 장서 수는 10만 권에 불과했다. 그러나 1500년경 인쇄된 책이 등장하고 45년이 지난 후 책의 총수는 900만 권에 이르렀다.**44**

무엇보다 이탈리아에서 르네상스가 최초로 발생한 이유는 고대 로마의 문화유산이 주변에 산재해 있었고 고대 그리스 문헌이 다양한 루트를 통해 꾸준히 유입되었기 때문이다. 폴 존슨에 따르면 고대 그리스 문헌은 최소한 3가지 루트를 통해 이탈리아에 소개되었다. 먼저, 과리노 다 베로나Guarino da Verona와 조반니 아우리스파Giovanni Aurispa 같은 이탈리아 학자들이 개인적으로 플라톤을 포함한 여러 필사본을 1408년부터 콘스탄티노플에서 가져왔다. 그리고 1430년대에 피렌체에서 열린 공의회에 참석했던 그리스 대표단이 중요한 원고를 대량으로 가져와서 피렌체에 남겼다. 끝으로, 1453년에는 콘스탄티노플이 몰락하면서 피난민들이 많은 필사본을 이탈리아로 가져왔다.**45**

또한 로마 제국은 이미 1000년 전에 멸망했고 게르만족의 침입 이후 장기간 문화적 침체기가 이어졌지만, 여전히 이탈리아 전역에는 로마제국의 유물들이 넘쳐났다. 디아메이드 맥클로흐 Diarmaid MacCulloch는 이런 상황을 다음과 같이 묘사했다.

> 유럽의 어느 곳보다 더 장관을 이룬 이탈리아는 '그 아래 묻혀 있는 고대 유물의 백과사전'이라는 장점이 있었다. 로마 제국의 심장부로부터 유지되어 온 미술과 건축물과 같은 물리적인 유산이 땅에서부터 머리를 내밀거나, 중세 이탈리아 사람들의 업적을 조롱이라도 하는 것처럼 보이는 건물들의 엄청난 잔해들이 도시와 시골에서 거대한 모습을 드러냈다.**46**

개척자들

르네상스시대에 피렌체에서 화가와 작가로 활약했던 조르조 바사리Giorgio Vasari, 1511-1574는 자신의 저서 『미술가 열전』1550에서 '리나스키다rinascita 재생, 부활, 부흥'라는 말을 여러 차례 사용했다.**47** 하지만 이 용어가 널리 사용된 것은 19세기에 이르러서였다. 1858년에 프랑스 역사가 쥘 미슐레Jules Michelet, 1798~1874가 최초로 사용했고, 2년 후에 야코프 부르크하르트Jacob Burckhardt, 1818~1897가 『이탈리아 르네상스 문명Die Kultur der Renaissance in Italien』1860을 출판하면서 널리 보급된 것이다.**48**

폴 존슨의 주장처럼, "르네상스는 고대 그리스와 라틴어 텍스트를 복원하여 이해하고 세련된 라틴어로 글을 쓰는 일이다. 동시에 자국 언어 특히 이탈리아어를 완성, 정리하고 이용하는 일이기도 하다."**49** 이런 맥락에서 르네상스를 개척한 인물은 단연 피렌체 출신의 정치가요 시인이었던 알리기에리 단테Alighieri Dante, 1265-1321였다. 그가 정치적 망명 중에 이탈리아어로 완성한 『신곡Divine Comedy』1321은 이런 르네상스의 본질을 대표하는 작품이다. 이 작품의 역사적 문학적 가치에 대해서 남경태는 다음과 같이 평가했다.

『신곡』은 중세의 서사시들과 두 가지 점에서 질적으로 달랐다. 하나는 '신의 희곡'이라는 제목에서도 알 수 있듯이 신의 영역을 주제로 삼았다는 것이다. 『신곡』은 단테 자신이 안내자의 인도를 받아 지옥과 연옥, 천국을 차례로 여행하면서 참된 종교적 승화를 이루는 내용이다. … 이처럼 인간이 이성의 힘을 통해 신이 관장하는 세계를 그려낸 작품은 그 이전이라면 상상할 수도 없었고, 상상한다 해도 시도할 수 없었다. … 단테에게 지옥을 안내하는 인물이 로마의 시인 베르길리우스라는 점이다. … 그리스 고전을 매개로 신의 영역을 묘사한다! 『신곡』의 이런 구도는 이미 중세를 넘어서고 있었다. **50**

한편, 성직자와 외교관, 학자, 그리고 시인이었던 페트라르카 Francesco Petrarca, 1304-1374는 단테의 후계자로 칭송받았으며 '최초의 인문주의자'로 불린다. 그는 성직자였으나 교회의 타락상에 실망했고 기독교의 가르침이 설득력이 부족하다고 생각했다. 그는 평생 동안 '사람이 어떻게 선하게 되는 것을 배울 수 있을까?'라는 질문과 씨름했는데, "고전을 공부하고 그 문체를 모방하며 그들이 사용한 언어를 사용한다면, 그리스 로마시대의 사람들처럼 될 수 있고 결국 그들이 성취한 덕을 함께 나눌 수 있으리라"

확신했다.**51**

그 결과, 로마제국시대의 정치가요 문인이었던 키케로의 문체를 모방하는데 몰두했고 이런 역사 이해를 토대로 고대문화의 부활을 선언했으며 고대와 당대 사이를 '중세'로 명명했다. 페트라르카의 영향 아래, 그의 추종자들은 고대의 원고를 찾아 유럽 전역을 돌아다니면서 수도원 도서관에서 수많은 고대 필사본들을 발굴했다. 뿐만 아니라, 고전으로 돌아가자는 그의 주장은 예술가들에게도 큰 영향을 미쳐서 회화, 조각, 건축의 스타일에 결정적 변화가 일어났다.**52**

이런 현상은 이탈리아에서 시작되어 북쪽으로 확대된 르네상스의 건축과 예술에도 동일한 정신과 방식으로 나타났다. "고대 건물들, 조각, 미술과 정원들과 같은 시각적인 형태들은 그리스로마라는 잃어버린 세계에 다시 생명력을 불어넣는 노력의 일부분으로, 점점 더 정확하게 모방되었다."**53**

이런 새로운 예술세계를 개척한 인물은 단테의 『신곡』에도 이름이 언급된 조토 디 본도네Giotto di Bondone, 1266-1337였다. 그는 성경이나 성인 같은 종교적 주제에 치중했던 중세미술의 전통에서 벗어나서 인간을 작품의 유일한 주제로 삼았기에 중세와 단절하고 '뛰어난 근대양식'을 시작한 것으로 역사가들이 평가했다. 마사초Masaccio, 1401-1428와 미켈란젤로Michelangelo di Lodovico Buonarroti Simoni, 1475-1564 같은 르네상스 거장들이 그의 뒤를 이었으며, 그가 주장한 고전적 이상은 르네상스 미술의 가장 큰 특징이 되었다.

제2장

르네상스 인문주의

탄생

오형국의 설명처럼 흔히 인문주의Humanism는 넓은 의미와 좁은 의미로 구분하여 정의된다. 넓은 의미의 휴머니즘은 "인간의 가치와 존엄을 강조하고 인간의 삶과 조건에 우선적으로 관심을 두는 사상과 사조"를 의미하고, 좁은 의미의 휴머니즘은 "서양의 근대문화와 지적 전통을 형성하는데 중요한 요소가 된 14세기 르네상스의 휴머니즘"을 뜻한다.**54**

근대에는 인문주의자가 계시종교에 대해 비판적인 사람을 지칭하게 되었고 인문주의와 신학이 갈등관계에 놓이게 되었지만, 르네상스와 종교개혁 시대에는 인문주의자들이 "그들의 열정을 그들의 신앙에 관한 선포와 탐험에 적용한 명백히 신실한 기독교인들이었다."**55**

르네상스와 종교개혁 시대에는 인문주의라는 용어가 없었다. 당시에는 후마니타스humanitas : 인간성, 인간다움를 연구하고 가르치던 학문을 '스투디아 후마니타티스studia humanitatis'라 불렀는데, 이것을 가르치는 사람을 '후마니스타humanista, 이탈리아어 umanista'라고 각각 칭했다. 스투디아 후마니타티스는 그리스어 '파이데이아paideia : 교양, 교육, 함양'의 라틴어 번역으로서 오늘날 인문학humanities에 해당한다. 하지만 이런 개념들을 토대로, 인문주의가 오늘날 인문학적 사조 및 정신적 태도를 가리키는 뜻으로 사용되기 시작한 것은 1808년 독일에서였다.**56**

공간

스콜라주의의 난해하고 추상적인 성향을 비판했던 인문주의자들은 스콜라주의가 지배하던 당시의 대학에서 쉽게 자리를 잡을 수 없었다. 대부분의 대학에서는 여전히 아리스토텔레스와 스콜라주의가 맹위를 떨치고 있었기 때문에 인문주의자들의 입지는 대단히 협소하고 불안정했다. 그 결과 인문주의자들은 대학에서 안정된 자리를 확보하는 대신 새로운 학문의 공간을 만들 수밖에 없었다. 이것은 크게 세 가지로 요약된다.

첫째, 많은 인문주의자들이 귀족이나 고위 성직자의 비서 등으로 일하면서 자신의 연구와 집필 활동을 병행했다. "인문주의자들이 오랜 역사의 대학을 장악하지 못했는데도 사회에 그런 영향력을 행사할 수 있었던 이유 중에는 그들이 궁정에 스며들었다는 점을 빼놓을 수 없다."[57]

둘째, 그들은 여러 지역에 작은 아카데미를 직접 설립하여 자신이 추구하는 인문주의 교육을 시도했다. 1423년 비토리노 다 펠트레Vittorino da Feltre, 1378-1446가 만토바에서, 6년 후에 과리노 다 베로나가 페라라에서 학교를 세운 것이 대표적인 예다.[58]

셋째, 르네상스 출현에 결정적 영향을 끼친 인쇄소가 인문주의자들의 새로운 학문적 요새로 부상했다. 이것은 인쇄업자들과 인문주의자들의 이해타산이 교묘하게 맞아떨어진 결과였다. "그들은 인쇄업자와 밀접하게 협력하면서 그들의 학문적 업적들을 출판했다. 인쇄업자들은 대학도시들보다 그들의 책이 널리 보급될 수 있는 큰 상업적 중심지에 작업장을 설치하는 경향들이 있었다."[59]

특징

르네상스 인문주의는 일차적으로 '고대에 관심'을 집중했다. 하나님에게 궁극적 관심을 두었던 중세에 인간을 위한 자리는 상대적으로 빈약했다. 고대에 찬미의 대상이었던 인간의 육체와 지성은 중세의 신학과 미술 속에서 철저히 부정·간과되었다. 이런 상황에서 르네상스 인문주의자들은 중세 사회에서 배제되거나 왜곡된 인간의 위치를 회복하기 위해 고대 문학과 예술에 관심을 집중했다. "이러한 후마니타스에 대한 고대의 개념이 부활되고 인문학이 활기를 띠게 된 것이 바로 르네상스 시대의 일이었다."[60]

이것은 자연스럽게 '고대의 필사본'을 수집하고 사본들에 대한 비판적 연구를 통해 원본·진본을 확보하려는 학문적 노력으로 이어졌다. 고대 사본을 수집하려는 당대의 노력은 가히 영웅적이었다. 인문주의자들뿐 아니라 부유한 귀족들이 아낌없이 후원한 결과 오랫동안 수도원 도서관에서 먼지 속에 묻혀 있던 수많은 고대 사본들이 새롭게 발굴되었다. 뿐만 아니라 중세교회의 권위를 뒷받침하던 여러 문서들이 철저한 문헌학적 역사학적 고증에 의해 위조문서로 판명되었다. 대표적인 예가 『콘스탄티누스의 기부Donation of Constantine』에 대한 인문주의자들의 연구였다.

> 15세기 학자들에 의해 파괴된, 소중히 여김을 받던 원문의 특별히 악명 높은 예는 교황에게 기독교 세계에 대한 일체의 권한을 준 4

세기의 개종자인 콘스탄틴 1세 황제가 수여한 문서가 8세기에 위
조한 문서라는 주장이었다. 나중에 독일의 추기경이 된 쿠사의 니
콜라스Nicholas of Cusa는 1432년과 1433년 사이에, 이탈리아의 로
렌초 발라Lorenzo Valla는 1440년에, 그리고 잉글랜드의 주교 레기
날드 페콕Reginald Pecock은 1450년에, 이렇게 세 명의 학자들이 각
자 독립적으로 연구하고 있었다는 것은 의미심장한 일이다. 이들
모두는 이 『콘스탄틴의 기부』Donation of Constantine의 문체가 4세
기와 현저하게 틀린 것이라는 결론에 도달했고, 즉각적으로 그들
은 교황의 권위에 대한 버팀목을 붕괴시켜버렸다. 인문주의자들
은 교회의 성인들의 삶 속에서 전설을 사실로 바꾸려고 노력할 때
발라의 방법론을 흉내 내는 것을 기뻐했다.**61**

　이처럼 고전에 대한 관심 특히 고대 문헌에 대한 관심은 '아드
폰테스'Ad fontes, 근원으로란 구호로 표현되었고 이것은 인문주의
자들의 일치된 목소리였다. 나아가 종교개혁에 직접적으로 영향
을 끼쳤다. 그 결과, "인문주의적 학문은 르네상스 정신에 함축
된 중세를 향한 압박을 전하는 역할을 하였으며 종교개혁의 사상
을 담아 표현하는 도구적 학문 또는 지적 용매의 기능을 담당하
였다."**62**

뿐만 아니라, 르네상스 인문주의는 '인간에 대한 낙관주의'를 부활시켰다. 중세의 인간이해는 대단히 부정적이었다. 물론 아리스토텔레스의 영향 아래 스콜라신학자들이 보다 긍정적 세계관과 인간관을 수립하기 시작했지만, 여전히 타락한 세상에서 살고 있는 부패한 인간은 교회의 중재를 통해 구원받아야 할 죄인이었다. 이런 세상에서, 르네상스 인문주의는 하나님, 신앙, 교회를 포기하지 않으면서 고대의 재발견을 통하여 낙관적 인간론을 회복했다.

인문주의자들은 인간이 번성하도록 창조되었다는 사실을 당연하게 받아들였다. 그들은 시와 수사학의 설득력으로, 신플라톤주의와 유대교 신비주의 문헌에 숨겨진 지혜를 재발견함으로, 또는 성경을 제대로 읽음으로 관점과 행동을 얼마든지 변화시킬 수 있다고 생각했다. 결과적으로 인류는 고대 아테네나 이집트의 독창성을 능가하거나 최소한 동등하게 된다고 여겨졌다. 15세기 후반의 플라톤주의자인 플로렌스파의 지오바니 피코델라 미란돌라 Giovanni Picodella Mirandola의 유작 『인간의 존엄성에 대한 연설』에는 이런 분위기에 대한 전형적인 표현이 진보를 향한 인간의 자유의지와 가능성에 대한 찬사로 나타났다. "오 위대하고 놀라운 인간의 행복, 이것은 그가 원하는 것을 소유하며 그가 바라는 것이 되도록 그에게 주어져 있다."**63**

또한 인문주의자들은 매우 '실천적·현실적인' 사람들이었다. 그들이 볼 때 중세대학에서 가르치던 논리학과 자연과학은 실생활과 무관한 문제들과 씨름하고 있었다. 특히 '얼마나 많은 천사들이 바늘 끝에서 춤출 수 있는가'에 관해 논쟁하는 스콜라주의자들은 결코 용납할 수 없는 관념론자들로 보였을 뿐이다. 대신 인문주의자들은 현세적 삶의 문제에 관심을 보였고 이런 문제의 해결을 위해서 실증적·비판적 사고를 추구하였으며, 그것은 수준높은 도덕적 삶으로 귀결되었다. 이들의 기준에 "유용한 것은 자연적 사실들에 관한 기본적 지식이 아니라그 사실들이 진실이라고 해도 말이다 현명한 도덕적 선택을 하는 것이었다."**64**

제3장
기독교 인문주의

기원과 특징

르네상스 인문주의를 개척했던 사람들은 진지한 기독교인이었기에 하나님, 교회, 신앙 자체를 부정하지 않았다. 하지만 당대의 기독교에 대해선 비판적 견해를 갖고 있었고, 고대의 이교도 문헌에 관심이 많았으며 인간에 대해서도 낙관적 이해를 추구했다. 하지만 이런 새로운 운동이 알프스를 넘어 북유럽과 유럽 전체로 확산되면서 성경과 교부학을 중심으로 이른바 '기독교 인문주의'Christian Humanism가 발전하기 시작했다.**65**

찰스 나우어트Charles N. Nauert Jr의 표현처럼, 기독교 인문주의는 "휴머니스트 학문을 종교적 갱신의 핵심으로 보고 이교적 고전고대와 기독교적 고전고대를 영감의 원천으로 여겨 그것들에 몰두"했다.**66** 특히, 기독교 인문주의자들은 '성경'에 관심을 집중했다. 라틴어, 히브리어, 그리스어를 익힌 후, 당대의 지배적 성경이었던 '불가타'의 오류를 교정하고 사본 연구를 토대로 새로운 성경을 출판했으며, 이에 대한 새로운 주석도 시도했다.

> 궁극적으로 기독교교회에 중심 되는 문서, 곧 최고의 권위를 가진 성경이 동일한 조사를 받게 되었다. 이제 인문주의자들의 단어들에 대한 선입견이 아주 중요하게 되었는데, 왜냐하면 성경의 단어들은 아주 다양하고 다른 수준의 번역들이기 때문이었다. … 중세의 서구 기독교는 제롬에 의해 이루어진 4세기의 라틴어 번역, 불가타the Vulgate, 즉 '공통' 판을 통해서만 성경을 알고 있었다. 1450년대부터 불가타판이 인쇄된 형태로 표준화되자 다양하게 얽힌 필사본들에서 어떤 필사자들의 끊임없는 실수들이 발견되었다.**67**

기독교 인문주의가 종교개혁에 결정적 영향을 끼쳤다는 사실을 고려할 때 한 가지 흥미로운 '역사적 역설'이 존재한다. 즉 기독교 인문주의 발전에 교황들이 결정적 공헌을 한 것이다. 예를 들어, 교황 니콜라오 5세Nicholas V, 재위 1447-1455는 피렌체에서 메디치가의 도서관 설립과 로마의 바티칸 도서관 설립에 관여했고, 콘스탄티노플 함락 이후 파괴를 모면한 문학적 유산들을 수

집했다. 그런가 하면 저명한 예술가와 학자들을 주변에 불러 모아서 그들의 작업을 직접 지도하고 후원했다.**68** 한편, 교황 비오 2세Pius II, 1458-1464의 긍정적 영향 아래 북유럽의 추기경과 주교들이 인문주의의 적극적인 후원자가 되었다. 결국 이들의 후원으로 북유럽에 인문주의 교육을 위한 대학들의 설립과 교과과정 개혁이 추진되었다.**69** 그런 노력의 연장선상에서 루터가 출현하여 교황을 향해 개혁의 칼을 겨누었으니 그야말로 '역설'이 아닐 수 없다.**70**

독일에서 스페인까지

르네상스의 충격이 가장 먼저 전달된 곳은 독일이었다. 이탈리아에서 르네상스를 체험한 사람들을 통해 인문주의가 독일에 유입·확산된 것이다. 고전을 공부한 수학자요 천문학자로서 갈릴레오의 발견을 예견했다고 평가되는 추기경 니콜라스 쿠사누스일명 쿠사의 니콜라스 : Nicholas Cusanus, 1401-1464, 히브리어와 헬라어 학습을 권장하고 연옥과 면죄부 교리에 대해 비판적 입장을 견지함으로써 '루터의 선구자'로 불렸던 요한 베셀John Wessel of Grnningen, 1420-1489, 라틴어, 그리스어, 히브리어에 모두 능통했으며 소각될 위기에 처한 히브리어 문헌들을 보존하는데 앞장 섰던 요하네스 로이힐린Johann Reuchlin, 1455-1522, 유명한 『바보들의 배Ship of Fools』1494의 저자 세바스티안 브란트Sebastian Brand, 1457-1521, 귀족 출신으로서 루터의 열렬한 지지지가 된 울리히 폰 후텐Ulrich von Hutten, 1488-1523, 그 밖에 루돌프 아그리콜라Rudloph Agricola, 1442-1485, 야콥 빔펠링Jacob Wimpheling, 1450-1528 등이 이 지역의 대표적인 기독교 인문주의자들이었다.**71**

프랑스에선 로베르 가갱R. Gaguin, 1433-1501, 기욤 피셰Guillaume Fichet, 1433-1480, 자크 르페브르 데타플Jacques Lefvre d'Etaples, 1460-1536, 기욤 뷔데Guillaume Bud , 1468-1540, 프랑수아 라블레Fran ois Rabelais, 1483/1494-1553, 미셸 드 몽테뉴Michel de Montaigne, 1533-1592 같은 인물들이 기독교 인문주의를 견인했다.

특히 자크 르페브르 데타플의 활약이 압권이었다. 그는 1509년에 '시편'에 관한 몇 권의 고대 라틴어 원전들을 비교 편집한 『시편 5권Fivefold Psalter』을 발간했다. "프랑스와 독일에서 널리 칭송받은 그 책은 후일 루터도 이용한 새로운 성서적 휴머니즘이 낳은 최초의 산물이었다."**72** 또한 그는 1512년에 바울서신에 대한 전통적 해석에 도전하며 새로운 주석서를 출판했는데 "젊고 진보적인 신학자들, 심지어 루터처럼 스콜라적 방식으로 교육을 받은 사람들도 에라스무스의 훨씬 더 감명적인 연구가 등장하기 전까지는 그 책에 크게 의존했다."**73**

영국의 대표적인 기독교 인문주의자들은 토마스 모어Thomas More, 1477-1535와 존 콜렛John Colet, 1466/7-1519이었다. 영국의 정치가요 법률가였던 토마스 모어는 대학시절에 대륙의 르네상스를 접하고 인문주의자가 되었으며 에라스무스와 평생 동안 우정을 나누었다. 에라스무스가 『우신예찬*Moriae encomium*』을 완성한 것도 모어의 집에서였다. 모어가 쓴 『유토피아』는 미지의 땅에서 실현된 종교적 관용, 평화주의, 교육평등을 서술하여 중세 사회를 비판한 라틴어 소설이다. 하지만 모어는 끝까지 가톨릭교회에 충실했고 루터의 종교개혁에는 단호히 반대했다.**74** 존 콜렛은 그리스어를 잘 몰랐지만 플라톤과 플로티누스 초기 교부들과 스콜라주의에 정통했고 수학, 법률, 역사, 영국 시인들에 대한 조예도 깊었다. 콜렛은 1496년부터 옥스퍼드에서 바울서신들에 대해 강의했고 에라스무스가 단순한 인문주의자에서 성경 연구에 집중하는 기독교 인문주의자로 전환하는 데 결정적인 영향을 끼쳤다.**75**

스페인도 이 분야에서 중요한 업적을 남겼다. 프란시스코 히메네스 데 시스네로스Francisco Ximmenez de Cisneros, 1436-1517의 주도하에 알칼라대학[Alcala의 라틴어 이름이 콤플루툼Complutum이다)을 중심으로 안토니오 데 네브리하Antonio de Nebrija, 1444-1522 같은 학자들의 공동 작업으로 최초의 다국어 성경인 『콤플루툼 다국어 대역성경Complutensian Polyglot Bible』이 출판되었다. 이 대역 성경은 병행하는 열에 불가타 성경과 나란히 히브리어, 헬라어, 그리고 새로운 라틴어 번역본을 기록한 책이다. 총 6권으로 구성 되었으며 종교개혁이 북유럽에서 발발하던 1517년에 마지막 권 이 출판되었다.[76]

제3부
에라스무스, 기독교 인문주의의 상징

제1장
에라스무스는 누구인가

출생과 교육(1466/69-1504)

에라스무스Desiderius Erasmus Roterodamus는 1466년 또는 1469년에 네덜란드의 작은 마을 로테르담에서 사제의 사생아로 태어났다. 1478년에 공동생활형제단과 관련이 있는 데벤테르 학교에 입학하여 "라틴어와 라틴문학의 아름다움에 마음을 **빼앗겼다.**"**77** 1487년에 스테인Steyn에 소재한 아우구스티누스 수도회에 입회했으나 수도원 생활에는 만족하지 못했고 대신 인문주의에 열정과 재능을 보이기 시작했다. 1492년에 사제 서품을 받은 에라스무스는 그다음 해에 캉브레Cambrai 주교의 부름을 받고 수도원을 떠났다. 1495년에 파리대학 신학부에 들어가서 1499년까지 머물렀고 이 기간에 후기 스콜라철학과 접촉하면서 그리스어와 고전 연구에 몰두했다. 이때부터 에라스무스는 인문주의 시인과 학자

의 길을 걷기 시작했다.**78**

1499년에는 마운트조이 경Lord Mountjoy의 초청으로 영국을 최초로 방문해서 영국의 대표적 인문주의자 존 콜렛을 만났다. 당시 영국에서 바울서신을 강의하던 콜렛의 자극으로 에라스무스는 성경과 교부들에 대한 연구를 일생의 과업으로 삼게 되었다. 1500년에 대륙으로 돌아온 후 에라스무스는 그리스어 공부에 매진하여 마침내 당대 최고의 그리스어 학자가 되었다. 1502년부터 1504년까지 루뱅에서 신학을 공부하는 동안, 그는 프란체스코회의 장 비트리에Jean Vitrier와 가까이 지내면서 교부 오리게네스에게 관심을 갖기 시작했다.

1504년에는 『기독교 전사를 위한 지침서Enchiridion militis Christiani』 초판이 출판되었다. 이 책에서 에라스무스는 신자들에게 스콜라신학 대신 성서와 교부 연구에 매진하라고 요청했다. 같은 해에 로렌초 발라Lorenzo Valla, 1407-1457의 『신약성서 주석』을 발견하여 다음 해에 파리에서 출판했다. 이 책은 에라스무스의 성경 연구에 지대한 영향을 끼쳤다.

인문주의자로서 본격적 활동(1505-1536)

에라스무스는 1505년부터 1506년까지 영국에 체류했고, 1506

년부터 1509년까지 이탈리아를 방문했다. 이 기간 동안 기독교 또
는 성서적 인문주의를 자신의 사명으로 자각하게 되었다. 1508년
에 베네치아에서 알두스 아카데미 회원이 되었으며 알두스 인쇄
소에서 『격언집*Adagia*』 제2판을 출판했다. 바젤에서 인쇄업자 요
하네스 프로벤Johannes Froben, 1460-1527을 만난 것도 이 무렵이었
다. 한편 이 기간 중에 에라스무스는 볼로냐에서 무장한 모습으
로 나타난 교황 율리우스 2세Julius II를 보았다. 교황의 이런 모습
에 실망한 에라스무스는 이후로 강력한 반전론자가 되었으며 성
직자 세계의 부패에 비판적인 입장을 갖게 되었다.

   이탈리아에서 영국으로 돌아오는 길에 『우신예찬*Moriae Encom-
inium*』의 윤곽을 잡았다. 1511년부터 1514년까지 영국에 체류하
면서 케임브리지 대학에서 그리스어, 신학, 성 히에로니무스의
편지들에 대해 강의했다. 이어서 1514년부터 1521까지는 네덜란
드에서 지냈는데, 이때 칼 5세Karl V, 1500-1558의 고문관으로 임명
되어 『기독교군주교육*Institutio Principis Christiani*』1516을 집필했다.
또한 이 시기에 '그리스도의 철학'Philosophia Christi을 전하기 시작
했다. 이것은 "복잡한 신학체계가 아니라, 그리스도를 구세주로
믿고 그 믿음을 진실로 반영하는 생활방식을 뜻했다."**79**

   1516년 에라스무스의 학문적 최대 공적으로 평가되는 그리스

어 원문과 일련의 주석이 첨부된 새로운 라틴어판『신약성서』를 바젤의 프로벤에서 출판했다. 이후 루뱅에 정착하여 신학부 교수가 되었고 1521년까지 그곳에 머물렀다. 하지만 루터의 종교개혁으로 루뱅에서 입지가 난처해지자 바젤로 이주했다. 가톨릭 측의 의심과 압력이 고조되던 1524년 에라스무스는 루터와 자신의 차이를 분명히 천명한『자유의지론*De libero arbitrio diatribe*』을 출판하여 루터의 종교개혁과 공개적으로 결별했다.

1529년에는 바젤마저 종교개혁을 지지하자 가톨릭 대학도시 프라이부르크 임 브라이스가우 인근으로 옮겨서 여러 해 동안 머물렀다. 그는 프로벤 인쇄소의 작업을 돕기 위해 1535년에 바젤로 돌아갔다가 그곳에서 다음 해1536에 세상을 떠났다. 맥클로흐는 에라스무스의 삶을 이렇게 정리했다.

> 그는 그와 같은 정도의 재능을 가진 사람이라면 당연히 차지해야 할 대학이나 교회의 높은 위치에 대한 통례적인 기회들을 결코 취하지 않았다. 대신 특별한 어떤 자리와 되풀이되는 임무를 집중적으로 파고들어, 그는 마침내 경력의 새로운 범주를 만들어 냈다. 그의 저서들이 만들어내는 수입과 그의 칭송자들이 제공하는 돈으로 살았던 방랑하는 국제적인 문인이 바로 그것이다.**80**

제2장
에라스무스의 사상

찰스 나우어트는 에라스무스에 대해 이렇게 평가했다.

> 에라스무스의 생애와 저작들은 16세기 '성서적 휴머니즘' 또는
> '기독교 휴머니즘'을 가장 잘 드러내 보여준다. 뿐만 아니라, 그는
> 그런 것을 본질적으로 만들어낸 사람이다.[81]

그렇다면 기독교 인문주의를 대표하는 에라스무스의 중심사상
은 무엇일까?[82]

언어, 텍스트, 그리고 비판

인문주의자로서 에라스무스는 고전어를 연마한 후 고대문헌
을 교정하는 작업에 온 힘을 쏟았다. 영적·도덕적 삶의 원천인 성

경, 고전, 교부들의 작품을 발굴하고 편집해서 주석하는 일에 일생을 바친 것이다. 이런 작업에 가장 큰 영감을 불어넣은 인물은 로렌초 발라였고 이런 작업의 최대 결과물은 1516년에 출판한 『신약성경』이었다. 에라스무스는 이런 작업을 통해 텍스트의 오류를 바로잡고 본래의 순수한 진리를 복원하여 자기 시대의 타락을 막을 수 있다고 기대했다. 이를 위해서 비록 인간의 한계가 자명해도 '인식하고 이해하고 아는 것'에 최선을 다해야 한다고 믿었다. "그는 청중과 독자뿐만 아니라 편집자의 해석도 가장 엄격하게 비판적인 판단을 해야 하고 쉽게 권위에 굴복하지 않도록 경계해야 한다고 주장했다."[83] 그는 비판적 지성인이었다.

성경과 개혁

라틴어와 그리스어에 대한 연구를 토대로 에라스무스는 그리스어 『신약성경』을 출판했고 새로운 라틴어 번역을 소개했다. 이로써 중세교회에서 절대적 영향력을 행사하던 히에로니무스의 '불가타'의 오역, 그리고 그것에 근거했던 로마가톨릭교회의 왜곡된 교리와 관행의 실체를 세상에 폭로했다. 이것은 종교개혁자들에게 영감을 주었으며 교회가 누렸던 절대적 권위도 근본적으로 위협받는 계기가 되었다. 결국 에라스무스의 『신약성경』은 에라스무스 방식의 강력한 개혁의 도구가 된 것이다.

예를 들어, 마태복음 3장 2절에 나오는 '메타노에이테metanoe-
ite'를 히에로니무스가 '고해하다poenitentiam agite'로 번역했기 때문
에 중세교회는 이것을 근거로 자신의 고해성사신학을 발전시켰
다. 하지만 에라스무스는 이것을 '정신 차리다resipiscite'로 번역함
으로써 고해성사의 성경적 근거를 부정했다.**84** 또한 누가복음 2
장 51절예수께서 부모와 함께 내려가사 나사렛에 이르러 순종하여 받드시더라
에 근거한 마리아숭배, 아들에 대한 마리아의 중재 교리, 더 나아
가 성인숭배마저 성경적 근거가 부족하다며 비판했다.**85** 결국 성
경연구가 그를 개혁자로 만든 것이다.

반-아우구스티누스주의

중세 후기의 유럽대학은 아리스토텔레스와 스콜라주의가 지배
했고 종교개혁을 주도했던 루터는 아우구스티누스의 열렬한 추
종자였다. 하지만 에라스무스는 이 두 흐름 중 어느 편에도 가담
하지 않았다. 특히 인간의 전적 부패를 강조했던 루터와 달리 에
라스무스는 "인간에게 있는 창조성과 존엄성을 너무도 존경한 나
머지 인간의 지성이 아담과 하와의 타락 때 전적으로 부패했다는
것을 받아들일 수 없었다."**86** 아우구스티누스의 비관적 인간론

을 수용할 수 없었던 것이다. 잘 알려진 것처럼 에라스무스는 『자유의지론』에서 자유의지를 인정하고 모든 행위에 대한 완벽한 책임을 윤리의 원칙으로 제시했는데, 만약 이 원칙이 부정된다면 일체의 윤리적 요구는 무의미해지고 성경의 율법뿐 아니라 에라스무스 자신이 일생 동안 추구해온 윤리적 이상도 근본적으로 붕괴될 수밖에 없기 때문이다.**87**

그리스도의 철학

에라스무스는 성경에 토대하고 도덕적 행위로 표현되는 기독교를 이상적이라고 생각했다. 비록 그가 중세교회의 의식적 관행을 전면적으로 부정하지 않았지만 그런 것들이 적절한 정신, 도덕적 진지함, 그리고 봉사의 삶으로 표현되지 않는다면 무익하거나 심지어 해롭다고 생각했다. 그가 『우신예찬』에서 진리와 정의 대신 돈과 권력을 탐하는 신학자, 수사, 세속적인 고위 성직자들을 비판했던 것도 바로 이런 신념 때문이었다.**88** 에라스무스는 이런 기독교적 삶을 위해 고대의 지혜와 기독교 신앙의 중재를 추구했고 이런 자신의 생각을 표현하기 위해서 네덜란드의 인문주의자 루돌프 아그리콜라Rudolf Agricola로부터 '그리스도의 철학Philosophia Christi'이란 용어를 빌려왔다.**89**

합리적인 평화의 세상

에라스무스는 지식과 믿음, 자유와 경건, 개인과 교회가 조화와 평화를 이루는 세상을 열망했고, 이런 세상은 이성과 교육을 통해 건설될 수 있다고 확신했다. 그래서 감정 대신 이성을 존중했으며 극단적 입장 대신 중도적 입장을 추구했고, 전쟁과 폭력 대신 대화와 설득을 통한 갈등 해결을 소망했다. 그래서 그는 쉬지 않고 무수한 주제에 대해 글을 썼고 글을 통해 세상과 소통하고 중재하려 했다. 그가 신약성경을 출판했던 일차적 이유도 "시골 사람이 쟁기 끝에서, 방직하는 사람들이 베틀에서, 여행하는 사람이 자기의 여행 중에 성경을 노래하는 것을, 심지어 여자들도 성경 본문을 읽게 되는 것을 보고" 싶었기 때문이다.

동시에 그가 루터의 종교개혁에 등을 돌린 이유도 루터의 거친 언어, 감정적 태도, 그리고 극단적 사고가 유럽 세계를 분열의 파국으로 이끈다고 판단했기 때문이다. 따라서 『격언집 *Adages*』에 실린 "경험해보지 못한 자들에게 전쟁은 달콤한 것 dulce bellum inexpertis"이라는 구절은 에라스무스의 진심이다.**90**

제3장
왜 우리는 그를 기억해야 하는가?

에라스무스는 기독교 인문주의자로서 유럽 전역에서 열광적인 사랑과 존경을 받았다. "젊은 이상주의적 휴머니스트들은 스스로 에라스무스의 지지자가 되어 교회에 대한 그의 불만과 고대의 원천으로의 복귀를 통해 기독교 원래의 정신을 회복하고자 한 그의 꿈을 공유했다."**91** 그의 명성이 절정에 달했을 때, 그에 대한 러브콜이 유럽 전역에서 쇄도했다.

마운트조이와 울지는 영국으로 오면 고위 성직을 수여하겠다고 말했다. 부다에우스는 프랑스로 건너오라고 계속 졸라댔다. 히메네스 추기경은 그를 스페인의 알칼라대학에 발령 내고 싶어 했다. 작센 공은 그에게 라이프치히의 고위 성직을 제안했다. 피르크하이머Pirckheimer는 뉘른베르크 자유 제국 도시가 여러 조건이 완벽

하니 한번 방문하라고 요청했다.**92**

하지만 루터의 종교개혁이 유럽을 강타하면서 에라스무스는 가톨릭교회와 종교개혁 진영 모두로부터 혹독한 비난과 압력에 시달려야 했다. 가톨릭은 루터와 에라스무스를 동일시하면서 그를 이단으로 정죄하려 했다. 종교개혁자들은 그의 우유부단함을 비난하며 그를 겁쟁이로 몰아갔다. 결국 모두에게 양자택일이 강요되던 극단의 시대에 중용과 평화를 주장했던 에라스무스는 양쪽 모두로부터 버림받고 말았다. 그의 목소리에 진심으로 귀 기울이는 사람들이 16세기에는 정말 드물었다. 역사는 루터나 마키아벨리의 웅변에 감동했던 것이다.

그러나 다른 목소리도 존재한다. 루돌프 파이퍼Rudolf Pfeiffer는 에라스무스가 실패하지 않았다며 그를 강하게 옹호한다. "그는 '기독교 병사'로서 자신의 영적인 무기를 이용하는 것 이상을 할 수는 없었다. 종종 특히 역사가들이 이야기하는 것과 달리 그는 실패하지 않았으며 다만 다른 사람들이 그의 충고를 받아들이지 않았다."**93** 뿐만 아니라 그의 목소리는 역사 속에서 끊임없이 부활했다.

그의 뒤를 이어 '비인간성이 악덕 중 가장 나쁜 악덕'이라 생각하고 "나는 그 악덕을 경악하지 않고 생각할 용기가 없다."라고 말하는 그의 제자 몽테뉴가 통찰과 관용을 계속해서 전파한다. 스피노자는 맹목적인 정열 대신 '정신과 사랑amor intellectualis'을 요구하고 디드로, 볼테르, 레싱, 그리고 회의주의자들과 이상주의자들, 그들이 동시에 모두를 이해하는 관용을 위해 편협에 맞서 싸운다. 실러의 문학에서는 세계시민의 정신이 활기차게 일어나고, 칸트는 영원한 평화를 요구한다. 톨스토이나 간디, 롤랑에 이르기까지 타협의 정신은 논리적 힘으로 폭력의 자위권 옆에서 자신의 도덕적 권리를 요구한다.**94**

에라스무스가 세상을 떠난 1536년은 칼뱅의 『기독교강요』가 세상에 나온 해다. 그야말로 기독교의 '역사적 분기점'이었던 것이다. 그로부터 470년이 흘렀다. 왜 우리는 그를 기억해야 할까? 그의 전기를 쓴 요한 하위징아Johan Huizinga, 1872-1945는 그 질문에 이렇게 답했다.

교양 있는 사람들은 에라스무스의 기억을 소중하게 여겨야 할 이유가 있다. 그것은 에라스무스가 보편적 자비로움을 아주 열렬하게, 또 성실하게 외친 설교자라는 것이다. 오늘날의 세상은 그런 도덕적 특성을 간절하게 요청하고 있다.**95**

제 4 부
기독교 인문주의와 종교개혁

제1장
에라스무스와 루터 사이에서

　기독교 인문주의와 종교개혁의 관계는 간단하지 않다. 널리 알려진 것처럼 기독교 인문주의가 종교개혁에 다양한 방식으로 영향을 끼친 것은 사실이다. 하지만 기독교 인문주의가 종교개혁에만 영향을 끼친 것은 아니다. 가톨릭교회에 끼친 영향도 상당하다. 또한 모든 종교개혁자들이 인문주의의 영향을 받은 것도 아니며 영향을 받은 사람들의 경우에도 그 영향의 정도와 영역이 동일하지 않았다.**96**

　먼저, 양자의 공통점을 살펴보자. 기독교 인문주의자들과 종교개혁자들 모두 고전어, 성경, 그리고 교부들에 대한 관심을 공유했다. 시기적으로 기독교 인문주의자들이 발굴하고 편집해서 주석을 붙여 출판한 문헌들이 종교개혁자들의 각성과 개혁운동의 자극 및 기초자료가 되었다. 또한 양자 모두는 교황청의 면죄부 판매를 포함한 가톨릭교회의 비성경적 관행들에 비판적이었다. 진리와 경건 그리고 도덕성 대신 세속적 권력과 탐욕에 물든 당대의 성직자들을 통렬히 비판했다. 뿐만 아니라 양자 모두 당대의 신학계를 지배하던 스콜라주의에 강력히 반대했다. 신앙의 본질을 떠난 사변적 논쟁이 교회의 타락을 부추기고 개혁에도 방해가 된다고 생각했기 때문이다.**97** 그래서 에라스무스의 지지자와 반대자 모두는 에라스무스와 루터 사이의 사상적 일치점을 발견하면서 양자를 동일시하려 했던 것이다.**98** 그 결과 당대인들은 "에라스무스가 알을 낳았고, 루터가 부화시켰다."고 믿었다.**99**

그렇다면 양자의 차이점은 무엇일까? 가장 주목할 점은 기독교 인문주의자들이 교리에 관심이 적었던 반면, 종교개혁자들은 참다운 교리를 확립하는 데 일차적 관심을 두었다는 것이다. 기독교 인문주의자들은 기독교의 본질을 순수한 신앙과 도덕적 실천에서 찾았지만 종교개혁자들은 그런 것보다 성경에 근거한 참다운 교리를 우선시했다.**100** 또한 기독교 인문주의자들은 종교개혁자들에 비해 인간의 본성에 대하여 훨씬 더 낙관적·긍정적인 이해를 갖고 있었다. 이것은 아우구스티누스에 대한 양자의 극명한 호불호를 통해서도 단적으로 드러났다.**101** 결과적으로, 많은 종교개혁자들이 에라스무스의 영향을 깊이 받았지만 루터와 에라스무스 사이에서 한 사람을 선택해야 했을 때 그들은 에라스무스 대신 루터를 선택했다.**102**

제2장
종교개혁자들 안에서 인문주의

다수의 젊고 뛰어난 인문주의자들이 종교개혁의 지도자들로 부상했다. 비텐베르크의 멜란히톤Philipp Melanchthon, 1497-1560, 취리히의 츠빙글리Ulrich Zwingli, 1484-1531, 바젤의 외콜람파디우스Johannes Oecolampadius, 1482-1531와 펠리칸Konrad Pellikan, 1478-1556, 생갈렌의 바디안Joachim Vadian, 14841551, 스트라스부르의 부처Martin Bucer, 14911551, 바젤과 스트라스부르의 카피토Wolfgang Fabricius Capito, 14781541 등이 대표적이다.**103**

멜란히톤의 경우, 독일의 유명한 인문주의자 요하네스 로이힐린이 외외종조부외할머니의 형제였으며 그의 추천으로 비텐베르크 대학에 그리스어 교수로 임용되었다. 그는 로이힐린과 에라스무스의 영향을 깊이 받았으며**104** 그리스어 학자로서 국제적 명성을 얻었다. 그는 루터와 함께 독일의 종교개혁을 이끌었고, 특히 비텐베르크대학을 포함한 독일 대학을 인문주의 중심 대학으로 개편하는 데 주도적인 역할을 했다. 그 결과 '독일의 교사Praeceptor Germaniae'라고 불리게 되었다.**105**

취리히의 종교개혁을 주도했던 츠빙글리는 르네상스 인문주의의 학문적 중심인 바젤대학에서 공부했다. 그리스어와 히브리어를 연마했고 에라스무스의 그리스어 『신약성경』을 토대로 설교했다. 그는 에라스무스를 포함한 인문주의자들과 교류했으며, 특히 에라스무스에게 깊은 영향을 받았다. 그의 신학사상과 종교개혁 프로그램에는 에라스무스의 영향이 진하게 남아 있다.**106**

마르틴 부처는 대학에서 인문주의에 깊이 영향을 받았으며, 특히 프로벤에서 출판한 에라스무스의 책들을 탐독했다. 그는 루터를 만난 후 종교개혁 사상을 받아들였는데 루터와 에라스무스의 생각이 일치한다고 생각했다. 후에 스트라스부르에서 종교개혁을 주도했으며 영국의 종교개혁에도 영향을 끼쳤다.**107**

프란체스코회 수사였던 펠리칸은 독학으로 히브리어를 익혔다. 후에 츠빙글리의 초청으로 취리히에서 히브리어와 그리스어를 가르쳤고 바젤의 프로벤 출판사를 위해 일했다. 특히, 루터의 저작들을 배포하는 데 큰 공헌을 했다.**108**

의학, 법학, 그리고 신학을 공부했던 카피토는 스트라스부르에서 부처와 함께 종교개혁을 주도했다. 한편 프로벤 출판사가 루터의 저작들을 출판하도록 설득한 사람이 바로 카피토였다.**109** 의사, 정치인 그리고 라틴어 시인으로 명성을 얻었으며 츠빙글리의 친구였던 바디안은 생갈렌에서 시장으로 재직할 당시이 도시가 종교개혁을 수용하는 데 결정적 기여를 했다.**110**

심지어 대표적 인문주의자 에라스무스와 치열한 신학적 논쟁을 벌였던 마르틴 루터Martin Luther, 14831546마저 인문주의와 일정한 수준의 관계를 지속적으로 유지했다.

> 루터는 또한 르페브르와 에라스무스 등의 휴머니스트 학문에서 등장하는 성서와 교부철학자에 대한 언어계통학적·역사적 접근이 기독교적 계시의 의미를 보다 깊게 통찰하는 열쇠라는 것을 일찌감치 깨달았다. 그는 성서와 교부들의 원전을 능히 고찰할 수 있을 정도로 그리스어를 익혔으며, 그리스어만큼 능숙하지는 못했지만 〈구약성서〉를 연구하기 위해 히브리어를 배웠다.**111**

종교개혁 과정에서도 루터는 르페브르와 로이힐린, 그리고 에라스무스 같은 '기독교 인문주의자들'의 영향과 도움을 많이 받았다. 루터는 교수 활동 초창기에 르페브르의 구약 주석을 이용

했으며 에라스무스의 그리스어 『신약성경』이 출판되자 이것을
강의의 원전자료와 자신의 독일어 번역의 기본 텍스트로 사용했
다. 뿐만 아니라 종교개혁이 아리스토텔레스적 스콜라철학 대신
에라스무스적 인문주의의 길을 선택해야 한다고 결론을 내렸다.
이런 판단에 따라 그는 비텐베르크대학이 스콜라주의 대신 고전
어 중심의 인문주의 대학으로 변화되는 데 결정적 영향을 끼쳤
다.112

제3장

종교개혁과 대학개혁, 그리고 인문주의

    종교개혁과 인문주의의 관계를 교육사적 측면에서 연구한 박준철에 따르면, 종교개혁과 인문주의의 관계에 대한 기존의 연구가 사상사적 연구에 집중되고 시기적으로도 종교개혁 초기에 한정됨으로써 양자의 부정적 관계만 부각되었다고 한다.[113] 하지만 종교개혁과 교육의 관계 특히 대학의 교과과정 개편과정을 추적하면 양자 간의 전혀 다른 관계가 드러난다.

    기본적으로, 인문주의와 마찬가지로 종교개혁에서도 학문과 교육이 매우 중요한 기능을 담당했다. 종교개혁과 교육의 관계에 대해서 박준철은 다음과 같이 정리한다.

      종교개혁가들은 교회개혁의 성공 여부는 사회 전반에 그들의 교리를 효과적으로 확산시키는 데에 달려 있으며, 이를 위해서는 유능한 성직자의 양성과 효율적인 평신도 교육이 필수적임을 인식하였고, 이 목적을 구현하기 위해서 다양한 교육 프로그램을 제정하였다. 대학 커리큘럼의 개편, 서품심사ordination exam의 강화, 정기적인 교구시찰visitation의 제도화를 통하여 성직자 교육의 내실을 기하는 한편, 평신도를 위해서는 집중적 교리문답catechism 교육을 실시하였다.[114]

특히, 초창기 인문주의자들이 대학보다는 사립 아카데미나 인쇄소를 중심으로 자유롭게 활동했던 것과 달리 독일의 종교개혁자들은 대학의 교과과정을 개편하고 인문주의자들을 교수로 임용함으로써 인문주의적 토양 위에서 종교개혁을 제도화하려 했다. 이런 문제의식은 루터 자신의 입을 통해서 천명되었다. "나는 현재 가르쳐지고 있는 교회법, 교령敎領, 스콜라 신학, 철학, 논리학이 완전히 철폐되고 새로운 과목들이 제정되지 않으면 교회를 개혁하는 것이 불가능하다고 확신한다."[115]

이런 루터의 생각은 그의 동료이자 실질적으로 비텐베르크대학을 포함하여 독일 대학의 개편을 주도했던 멜란히톤을 통해 더욱 강화되었다. 멜란히톤은 종교개혁의 성패가 성직자들의 손에 달려 있다고 확신했으며 이들을 교육하기 위한 도구로서 인문주의 즉 '스투디아 후마니타티스'를 선택했다.

> 그는 어학, 수사학, 역사학은 성경의 정확한 원어적 이해, 설교와
> 성경교육에 요구되는 표현력, 교회제도와 교리의 타당성에 대한
> 분별력을 증진시킨다고 생각하였다. 한편, '로치loci' 교수법이라
> 는 휴머니즘 고유의 교육기법은 보다 효과적인 교리습득과 교리전
> 달의 핵심수단으로 인식되었다. 요약하자면, 멜란히톤의 이상적
> 성직자는 휴머니즘에 정통해야만 했다.**116**

종교개혁 이전에도 일부 대학들 즉 바젤대학1464, 프라이부르
크대학1471, 튀빙겐대학1481, 잉골슈타트대학1476에서 시학과 수
사학 강사를 채용했으며 라이프치히대학과 에르푸르트대학은
이 분야에서 다른 대학들을 앞질렀다. 하지만 대학 설립과 동시
에 인문주의를 수용했고 이후 대학 교과과정을 인문주의 중심으
로 개편하여 종교개혁의 유산을 성공적으로 제도화한 대표적 사
례는 비텐베르크대학이었다.**117**

> 비텐베르크대학에서의 휴머니스트의 약진은 오래 지속되었을 뿐
> 만 아니라 독일의 여러 다른 대학의 모범이 되었다. 두 가지 사실이

그 이유를 설명해준다. 가장 중요한 첫 번째 사실은 작센의 선제후가 개혁 전반을 주도하면서, 어떤 목표를 실제로 성취할 수 있도록 용의주도하게 보증하고, 자신의 권력은 물론 화폐를 통해 그 성공을 보장하도록 조처를 취한 것이다. 둘째, 루터가 곧바로 학문세계의 비공식적이되 무적의 지도자로 성장했기 때문에 개혁이 크게 성공을 했다는 것이다.[118]

1502년에 설립된 비텐베르크대학도 처음에는 기존의 다른 대학들과 마찬가지로 전통적인 스콜라주의에 치중했고 학생 모집을 위해서 시학과 수사학 그리스어와 히브리어를 정규과목으로 설치했다. 하지만 이것이 학위과정의 필수과목은 아니었다. 이런 상태에서 1518년부터 주목할 만한 변화가 시작되었다. 루터와 일부 교수들이 주창한 교과과정 개혁을 이 대학 설립자인 선제후 프리드리히Frederick III, 1463-1525가 승인한 것이다. 1518년의 변화를 로버트 로신Robert Rosin은 다음과 같이 정리했다.

먼저, 아리스토텔레스는 살아남았지만, 인문주의에 공감적인 사람들이 보다 순수한 텍스트를 사용해서 가르치게 되었다. 퀸틸리아누스Quintilian가 수사학에 새 생명을 불어넣었고, 박물학에 대한 아리스토텔레스의 대안으로서 플리니우스Pliny가 도입되었다. 대학준비기관인 김나지움에서 기초언어훈련을 제공했다. 그 대학 교과과정 내에, 그리스어와 히브리어를 가르칠 수 있는 새로운 교수직이 설립되어서, 즉시 멜란히톤이 그리스어를 가르치게 되었고, 히브리어는 결과적으로 마테우스 아우로갈루스Mathaeus Auro-gallus가 담당하게 되었다. 멜란히톤의 취임강의는 그의 관심사와 교육적방향을 명쾌히 제시했다. 이 두 교수직과 더불어, 비텐베르크는 세 가지 성경적, 고전적 언어들을 자신의 공식적인 인문학 교과과정에 통합한 최초의 대학이 되었다.**119**

1520년대에는 농민전쟁, 재세례파의 등장으로 종교개혁이 과열되자 비텐베르크대학의 학생 수가 급감하고 재정적 위기에 봉착하면서 교과과정에도 별다른 변화가 없었다. 하지만 1533년에 멜란히톤이 신학부의 교과과정을 성경 중심으로 개편했다. 교과과정에서 스콜라신학이 자취를 감추었으며 성경이 유일한 교재로 채택되었다. "1533년부터 비텐베르크의 신학부 학생들은 종교개혁의 성서지상주의와 휴머니즘의 교수기법이 융화된 커리큘럼 하에서 학습하게 된 것이다."**120** 1536년에는 4개 학부교양학부, 법학부, 의학부, 신학부의 교과과정이 모두 개편되었다. 교양학부는

10명의 교수로 구성되었으며 라틴어, 그리스어, 아리스토텔레스의 문리학, 논리학, 시, 수사학, 윤리학이 개설되어 '스투디아 후마니타티스'가 교양학부를 지배하게 되었다. 멜란히톤이 추구했던 비텐베르크대학의 교과과정은 1546년에 완성되었다. 교양학부는 1536년과 동일한 반면 신학부에 최초로 라틴어, 그리스어, 히브리어 과목이 개설된 것이다.[121] 뿐만 아니라 비텐베르크대학은 다른 학교들 즉 대학, 김나지움, 라틴어학교의 모델이 되었다.[122] 루터시대에 잘 알려진 라틴어학교 중 약 70여개가 비텐베르크의 영향 하에 전면적으로 개편되었다. 결국 비텐베르크대학의 영향 아래 스콜라신학의 위상은 크게 위축되고 루터의 종교개혁은 확산되고 제도화된 것이다.[123]

제4장
종교개혁 이후

위에서 살펴본 것처럼, 종교개혁에서 기독교 인문주의는 다양한 방식으로 영향을 끼쳤다. 종교개혁의 출현에 기독교 인문주의는 중요한 자극과 동기가 되었으며, 종교개혁의 발전 및 제도화 과정에서도 결정적인 역할을 담당했다. 그렇다면 그런 영향의 결과로서, 유럽의 교회와 사회에는 어떤 변화가 나타났을까?

먼저, 종교개혁에 미친 기독교 인문주의의 영향이 독일과 스위스를 넘어서 영국으로 확대되었다. 사실, 영국은 존 콜렛과 토마스 모어 같은 위대한 인문주의자들을 배출했던 곳이지만, 헨리8세가 토마스 모어와 존 피셔John Fisher, 1469-1535를 처형하면서 큰 위기에 처했었다. 하지만 피셔가 설립한 세인트 존스 칼리지St. John's College를 통해, 에라스무스의 사상과 개신교 정신에 심취한 인문주의자들이 1535년과 1544년 사이에 집중적으로 출현했다.

이들은 헨리 8세를 계승한 에드워드6세와 엘리자베스1세 치하에서 교회와 국가의 통제권을 장악하여 영국 종교개혁을 주도했다. 결국, 이런 영국 인문주의자들의 독특한 특징이 영국교회가 가톨릭과 개신교 사이에서 중도적 입장을 추구하며 자신의 정체성을 형성하는데 영향을 끼친 것으로 보인다. 이런 현상에 대해서, 나우어트는 이렇게 평가했다. "아마도 유럽 어디에서도, 심지어 이탈리아에서도 민법교육과 다른 휴머니스트적 주제를 갖는 교육이 그처럼 분명하게 지배층의 보편적 문화의 한 부분이 된 경우는 없을 것이다."**124**

기독교 인문주의가 교육기관을 통해 종교개혁의 영향을 확대한 결과, 유럽의 교육문화에 근본적인 변화가 발생했다. 즉, 루터와 멜란히톤의 지도하에, 독일의 대학, 김나지움, 라틴어 문법학교 등으로 인문주의 과목과 교재들이 확산되었는데, 동일한 현상이 독일의 경계를 넘어 유럽 전역에서 빠른 속도로 반복되기 시작한 것이다. 대학보다 더 많은 수의 라틴어 문법학교들이 이탈리아, 영국, 프랑스, 스페인에서 설립되었고, 라틴어 문법, 수사학, 논리학의 새로운 교재들이 낡은 교재들을 대체했으며, 그리스어 교육이 공식과목으로 보편화되었다. 그 결과, "16세기 후엽이 되면 중요한 지식을 소유하고 있다고 주장하는 사람들은 대부분 라틴어와 라틴 문학에 통달한 사람들이었고, 또한 약간의 그리스어 지식을 갖고 있었다."360 자연스럽게, 자식들이 법관이나 왕실관리로 출세하길 바라는 지방 엘리트들의 열성으로 유럽에서 인문주의 교육이 각광을 받게 되었고, 이런 과정을 통해 종교개혁의 정신이 지식층 속으로 확산되었다. 이 시절에 인문교육을 담당했던 교사들이 대부분 에라스무스와 루터 지지자들이었기 때문이다.**125**

뿐만 아니라, 종교개혁을 관통한 인문주의 덕택에, 유럽의 학문, 문학, 예술도 새로운 시대를 맞이했다. 인문주의의 발흥으로 각국에선 자국어에 대한 관심과 연구가 빠르게 촉진·확산되었다. 이것은 자국어로 성경을 번역하는 사업뿐 아니라, 자국어로 시와 소설, 희곡을 쓰는 운동으로 이어졌다. 영국에서 고풍의 영어로 중세의 민족적·기사도적 주제를 다루었던 에드먼드 스펜서Edmund Spencer, 1552-1599, 중세 영국 역사뿐 아니라 고대 로마의 역사를 넘나들며 뛰어난 수준의 시와 희곡을 썼던 윌리엄 셰익스피어William Shakespeare, 1564-1616가 대표적인 예다. 또한 고대문헌에 대한 비판적 연구방법과 고전어에 대한 뛰어난 지식을 바탕으로, 언어학, 문헌학, 역사학 분야에서 주목할 만한 발전이 이루어졌다. 로베르 에스티엔Robert Estienne, 15031559이 1543년에 출판한 『사전』은 18세기까지 사전 편집의 기준이 되었으며, 에티엔느 파시키에Etienne Pasquier, 1529-1615의 『프랑스 탐색』Recherches de la France, 1560은 프랑스 역사학의 새로운 방향을 제시했다.**126**

끝으로, 예배음악과 교회미술에도 혁신적 개혁이 이루어졌다. 종교개혁자들은 성직자 중심의 가톨릭 예배에 반대하여 보다 대중적인 예배를 추구했다. 이것은 라틴어 미사를 폐지하고 자국어 예배를 도입한 것으로 구체화되었다. 예배에서 목사들은 자국어 성경을 토대로 자국어로 설교하기 시작했고, 회중들은 자국어로 찬송을 부르기 시작했다. 미사와 함께 오래되고 복잡한 라틴어 곡을 거부한 사람들은 단순하고 성경적인 찬송가를 좋아했다. "교회 예배 중에 일반적으로 자국어가 사용되면서 이런 상황은 더욱 인기를 끌었다. 특히 대다수의 시민들이 글을 깨우치고 스스로 성경을 읽게 되면서 더욱 그러했다."**127** 동시에, 종교개혁과 인문주의의 영향 하에 교회에서 성상이 사라졌고, "기독교와 이교도의 신화가 서로 엉켜 고딕식과 르네상스 작품에서 만들어 냈던 즐거운 예술"도 모습을 감추었다. 가톨릭 종교개혁의 절정이었던 트리엔트 공의회1545-1563는 "정경 본문 중에 나오지 않는 신성한 인물들에 대한 이야기와 교회가 인정하지 않는 성인의 기적은 교회나 그 외 종교 건물에 소장될 예술 작품에 묘사되어서

는 안 된다고 규정"했고, 수많은 개신교회 건물들에서는 그런 것들이 먼저 사라지고 중지되었다.**128**

16세기 후반에 이르면, 기독교 인문주의를 포함한 르네상스운동이 막을 내리기 시작했다. 고전문헌에 대한 새로운 발견을 토대로 학문과 종교에서 급진적 비판을 주도했던 인문주의는 기존 질서를 옹호하는 보수적 색체를 보이거나, 소수의 전문가들만이 향유하는 현학적 특성을 드러내기 시작했다. 하지만 인문주의가 남긴 유산은 역사에서 사라지지 않았다. 르네상스인들은 더 이상 존재하지 않지만 그들의 정신과 업적은 21세기 오늘에도 여전히 살아 있다.

몽테뉴 시대, 특히 17세기에 이르러 고전고대의 치유적 힘에 대한 장엄한 믿음은 사라졌다. 그러나 비판적 정신, 더 이상 고전고대의 '회복'에 의한 것은 아니지만 개선에 대한 기대, 심지어 여론을 형성하고 여론에 호소하기 위해 언론을 이용하는 관례 등은 살아남았다. 그리고 그 모든 것은 르네상스의 휴머니즘 문화로부터 전승된 유산들이다.**129**

제5부
기독교 인문주의와 한국교회

한국사회가 '헬조선'으로 추락하고, 한국교회가 '개독교'로 몰락하는 현실에서 다시 읽는 르네상스 인문주의와 종교개혁의 역사는 무슨 의미가 있을까? 인간의 기본적 가치가 부정되고 종교의 본질이 훼손된 상황에서 르네상스 인문주의는 우리에게 어떤 교훈을 줄 수 있을까? 타락한 교권에 의해 인간의 가치와 종교의 기능이 왜곡된 중세 말기에 인간과 종교, 도덕과 교양의 의미를 새롭게 일깨우며 종교개혁과 근대의 문을 열었던 르네상스 인문주의는 위기에 처한 우리에게도 역사와 지리의 차이를 넘어서 여전히 유효한 지혜를 제공해 줄 수 있을까?

현재 우리는 헌법으로 규정된 정교분리의 시대를 살고 있다. 하지만 현실적으로 사회와 교회는 분리될 수 없다. 즉 헬조선과 개독교는 같은 시공간 속에 존재하는 우리의 현실이다. 우리는 양자를 분리하여 생각할 수 없고, 서로를 배제한 채 살 수 없다. 따라서 교회 안에서 온전한 가치가 선포되고 이를 실천하기 위한 성실한 노력이 이어진다면, 그것이 교회와 사회에 긍정적 영향을 끼칠 것임에 틀림없다. 물론, 그 역도 사실이다. 이것이 우리가 여전히 교회에 다니고 신학을 공부하는 이유다.

그렇다면 위기에 처한 한국사회와 교회가 르네상스 인문주의와 종교개혁에게 들어야 할 역사적 교훈은 무엇일까? 우리가 현재의 상황에 만족하지 않고 더 나은 미래를 꿈꾼다면, 역사를 통해 현재의 난제를 해결하고 싶다면, 이제부터 역사가 들려주는 교훈에 우리의 마음과 귀를 열어야 한다.

제1장
'헬조선'을 향해 인간의 가치를 선포하라

인문주의의 본질은 인간에 대한 관심과 존중이다. 중세의 크리스텐덤 체제에서, 인간은 관심의 중심이 아니었다. 하나님은 세상을 사랑하셨고 인간을 위해 독생자까지 희생하셨지만, 정작 교황 중심의 가톨릭세계에서 인간은 타락한 죄인으로 정죄되었을 뿐이다. 하지만 인문주의자들은 인간, 특히 이성과 육체를 가진 존재로서 인간을 그 자체로 존중했던 그리스·로마문명을 복원함으로써 중세 사회에 새로운 인간관을 소개했다. 비록, 르네상스 인문주의자들도 중세의 신분제를 완전히 극복하지 못했고, 종교개혁자들은 아우구스티누스적 인간론을 고수하며 에라스무스와 결별했지만, 인문주의자들의 인간론은 계몽주의를 통과하면서 민주주의의 탄생으로 열매를 맺었다. 인간을 이성적·도덕적 존재로 규정했던 계몽주의 인간론과 인간의 자유와 평등을 주창하는 민주주의는 모두 인문주의의 산물이다.

'헬조선' 현상은 청년들이 인간으로서 온전한 대접을 받지 못하는 현실에 대한 비판에서 비롯되었다. 신자유주의 체제에서는 삶 자체가 시장으로 변하고, 모든 것이 상품으로 환원되며 인간의 존재마저 가격이 매겨진다. 결국 무한경쟁, 적자생존, 승자독식의 잔인한 현실 속에서 소수만 살아남고, 다수는 '호모 사케르'Homo Sacer **130**로 처분된다. 가장 심각한 인간성 파괴가 자행되고 있는 것이다. 아무리 노력해도 살아남을 수 없는 세상, 국가마저 아무런 도움도 줄 수 없는 세상, 탈출과 죽창만이 해법이 된 세상은 그야말로 지옥이며, 그런 지옥에서 인간은 살 수 없다.

이런 상황에서, 교회는 인간에 대한 인문주의적 가치에 주목하며, 이 지옥 같은 현실을 향해 인간의 가치를 회복하라고, 인간을 상품이 아니라 생명체·인격체로 존중하라고 선언해야 한다. 성경이 인간의 죄성과 한계를 언급한다고 해서 교회가 인간의 가치를 부정할 이유는 없다. 성경이야말로 인간의 한계와 가능성을 균형 있게 조명하면서, 인간의 가치를 강력히 선포하기 때문이다. 르네상스 인문주의자들은 신의 존재와 인간의 한계를 부정하지 않으면서 인간의 가치를 존중했다. 심지어 에라스무스의 인간론을 거부했던 루터야말로 만인사제설을 주창하며 민주적 교회개혁을 부르짖지 않았던가! 이런 맥락에서 양명수의 지적은 지극히 타당하다.

> 인본주의의 견제가 없다면, 또는 인본주의와 변증법적 관계를 용인하지 않는다면, 교회가 좋아하는 이른바 신본주의란 인간을 목적이 아닌 수단으로 전락시킨다. 하나님이 목적이라는 명제는 신앙인이라면 거부할 수 없다. 그러나 그것은 인간이 수단이 된다는 이야기와는 다르다. 사람은 교회의 수단이 될 수 없음은 물론이고 하나님의 수단도 될 수 없다. 이것은 신학적으로 매우 중요하다.[131]

제2장
근원으로, 성경으로 돌아가라

　인문주의는 타락한 중세의 대안을 그리스·로마시대에서 발견했다. 그 시대의 문화를 복원하기 위해 그들은 고전어 연구에 몰두했고 수많은 고대문헌들을 수집하여 주석을 달아 출판했다. 이런 학문적 노력은 히브리어와 그리스어로 기록된 성경 연구로 이어졌으며, 이것이 솔라 스크립투라Sola Scriptura를 외친 종교개혁의 발판이 되었다. 뛰어난 고전어 실력을 바탕으로 불가타의 오역을 발견했고, 이 성경에 근거해서 발전한 가톨릭교회의 교리와 관행을 비판한 것이 종교개혁의 출발점이었다. 에라스무스가 그리스어 『신약성경』을 편집하면서 농부와 상인들까지 이 성경을 읽게 되길 소망했고, 루터와 틴들William Tyndale, 1494-1536이 위험을 무릅쓰고 독일어와 영어로 성경을 번역했던 것도 같은 맥락에서 이해할 수 있다.

'개독교' 현상은 중세 말의 타락한 가톨릭의 모습과 매우 유사하다. 죽음의 공포를 토대로 연옥교리와 면죄부 판매를 정당화했고, 교황이 황제와 세속의 권력을 다투며, 교회가 종교적 목적을 앞세워 십자군을 동원했다. 재정적 탐욕에 의해 성직이 매매되며, 성직자들에 의해 사생아들이 무수히 양산되었고, 재물·치유·출산을 목적으로 유물과 성지순례가 성행했다. 이를 위해 신학자들이 성경과 무관한 교리를 만들고 신학적 정당성을 부여했다. 그야말로, 성경과 상관없는 종교가 된 것이다. 오늘날 개독교 소리를 듣는 교회도 유사한 증상을 보인다. 다양한 목적으로 헌금을 강요하고, 정치적 권력과 세속적 탐욕을 충족시키기 위해 성도들을 동원한다. 교회 세습과 교회 매매가 성행하고 성직자들의 성 추문이 꼬리를 물며, 무속적 기복신앙이 편만하여 '일천번제一天燔祭' 같은 이교적 관행이 교회 안에서 유행하고 있다. 교회가 분열되고 가나안 성도가 급증하며 이단이 부흥하는 일차적 이유다.

해법은 교회가 성경으로 돌아가는 것이다. 모든 교리와 관행 위에 성경을 두는 것이다. 성경 앞에서 모든 것을 상대화하여 이교적 세속적 요소를 제거하고, 교회 안에서 주인 행세 하는 우상들을 파괴하는 것이다. 이를 위해서, 교회는 성경에 대한 진지하고 정직한, 그리고 철저한 연구와 묵상이 절대적으로 필요하다. 그리고 그 진리에 겸손하고 철저하게 순종하는 것이다. 고통스럽지만 부정할 수 없는 김영민의 비판 앞에 고개를 들 수 없다.

> 그래서 한국의 개신교인들은 공부를 매개로 모종의 신념에 이르는 게 아니라 제 '마음대로 믿음을 얻은 뒤에 그제야 신학을 공부하는 것이다. 이 탓에 신학은, 애초 그 정당성legitimacy이 의심스러운 신념을 정당화justification하는 장치로서 동원되곤 한다. 이 때문에 믿지 않고는 사유공부할 수 없는 한국신학의 독특한 풍경이 연출된다. … 나는 이 땅의 안팎을 가파르게 행군하거나 노량으로 바장이는 중에 성경을 하나의 텍스트로 정밀하게 독해하고 이를 바탕으로 신앙을 얻은 사람을 단 한 차례도 본 적이 없다. 내가 과문한 탓이기도 하겠으나, 한국의 개신교 세계에서 그 같은 신자의 수를 의미 있는 통계로 기입할 수는 없을 것이다.**132**

제3장
단절된 세상과 소통하라

인문주의자들이 고대 그리스·로마를 연구했던 것은 자신들의 시대에 적합한 정치, 문화, 종교를 제시하고 싶었기 때문이다. 그들의 고전어 연구는 자국어의 발전으로 이어졌다. 단테가 자국어로 『신곡』을 쓰고 루터가 독일어로 성경을 번역했던 것이 대표적인 예다. 또한 그들은 군주제가 보편적으로 시행되던 중세에 고대 로마의 공화정을 연구하고, 유럽의 정치적 대안으로 제시했다. 르네상스의 중심지였던 피렌체에서 페트라르카와 사보나롤라가 공화정을 실험하고, 영국에서 토마스 모어가 『유토피아』를 통해 자유와 평등 사회를 꿈꾼 것이 그 증거다. 뿐만 아니라, 인문주의자들은 타락한 교회를 개혁하고 전쟁 중인 세상에 평화를 가져오고 싶었다. 이를 위해, 그들은 추상적인 스콜라주의와 타락한 성직자와 교회를 비판하고 대안을 제시했다. 이런 목적을 성취하기 위해서 인문주의자들이 선택했던 무기는 글과 책이었고, 그들이 이용했던 제도는 인쇄소와 대학이었다. 글을 통해 세상과 소통하고 인쇄소와 대학을 통해 생각을 유포하고 제도화한 것이다.

반면, 현재 한국교회는 세상 속에 존재하지만 세상과 소통하는 데 심각한 장애가 있다. 기본적으로 세상을 타락한 곳, 구원의 대상으로 규정하기 때문에 오직 전도와 선교의 관점에서 접근할 뿐이다. 세상의 요청에 귀 기울이고 세상의 필요를 채워주기보다 교회의 필요와 이익에 근거해서 세상에 전략적으로 접근한다. 따라서 세상의 관심과 교회의 관심이 다르고 세상의 언어와 교회의 언어도 매우 이질적이다. 그 결과, 세상은 교회에 관심이 없으며, 교회는 세상과 대화하는 법을 잊어버렸다. 진화를 말하는 세상을 향해 교회는 창조과학을 주장하고, 민주주의를 주창하는 세상을 향해 교회는 신정주의를 선언하며, 다원주의와 관용을 요청하는 세상을 향해 교회는 호모포비아와 이슬람포비아를 선전한다. 냉전과 자본주의를 극복하기 위해 분투하는 세상을 향해 교회는 여전히 반공과 친자본주의의 아성으로 존재한다.

이런 상황에서, 교회는 한국의 현실과 상황에 대해서 정직하고 총체적으로 이해하며, 세상과 소통하기 위해 진지하고 성실하게 노력해야 한다. 이 과정에서 인문학의 도움이 절대적으로 필요하다. 나는 이 문제에 대해서 이미 이렇게 제안한 적이 있다.

분단에서 기원한 특정 이념과 자본의 틀 속에서 한국교회는 자신의 정치적·신학적 정체성을 형성해왔다. 또한 미국과 달리 기독교는 한국에서 다른 고등종교들과 경쟁 및 상생의 관계를 유지하며 자신의 입지를 보존/확대해왔다. 한국교회는 이런 현실을 부정할 수 없으며, 신학은 이런 현실을 자신의 학문적 대상으로 수용할 수밖에 없다. 이런 맥락에서, 한국에서 신학하기 위해선 인문학적 통찰의 도움이 절대적으로 필요하다. 신학이 인문학과의 대화를 거부하거나 그 필요성을 간과한다면, 신학은 시대적 적합성과 의사소통의 가능성을 상실할 수밖에 없다.**133**

제4장
신학자여, 저항하는 지식인으로 발언하라

인문주의자들은 대학과 교회를 지배하던 스콜라주의를 당당하고 날카롭게 비판했다. 교회의 전통이란 미명하에 성경적 진리를 억압·왜곡하던 당대의 교회를 향해 개혁의 목소리를 높였다. 성경과 초대교회를 토대로, 성직자와 교회의 부패와 타락을 용감하게 지적하며 저항했다. 이를 위해 대학의 강단이나 교회의 고위직에 연연하지 않지 않고, 당시에 빠르게 발전하며 영향력을 행사하던 인쇄소를 중심으로 학문과 지성을 통해 시대와 싸웠다. 최고의 인문주의자 에라스무스, 르페브르, 로이힐린, 종교개혁을 주도했던 루터, 츠빙글리, 멜란히톤 등은 모두 당대의 일급 학자들이자 개혁의 선봉에 섰던 영웅들이다. 그야말로, 인문주의자들, 특히 종교개혁자들은 비판적 지식인, 행동하는 지성, 저항하는 인텔리겐치아였던 것이다.

반면, 현재 한국의 신학자들은 철저하게 교권에 종속되어 있다. 교파와 신학의 차이를 떠나, 대부분의 교단신학교는 교단의 통제 아래 놓여 있으며, 학문의 자유나 교수의 신분이 제대로 보장되지 않는다. 교단의 전통적 입장에 대한 일체의 비판적 성찰이 불가능하며 신학적 실험도 거의 용납되지 않는다. 또한 신학자들의 수요와 공급의 균형이 깨지면서 다수의 신진 학자들이 신학교에서 자리를 얻지 못하거나 다양한 명목의 비정규직 신분에 놓여 있기 때문에 학교 내의 갑을관계도 극복하기 어렵다.**134**

따라서 한국교회가 '개독교'로 추락하며 개혁에 대한 요청이 교회 안팎에서 쇄도해도 신학자들이 이런 시대적 요구에 정당하고 용감하게 반응하기 어려운 것이 현실이다. 결국 신학교가 교회를 향해, 신학자들이 목회자들을 향해 '선생'의 자리를 지키지 못하고 오히려 고용인의 위치에 종속됨으로써, 한국교회는 각성과 방향 전환을 위한 또 하나의 중요한 기제를 상실하고 말았다.

모든 교회개혁은 신학교개혁과 함께 진행되었다. 그리고 그 일차적 책임은 신학자들, 신학교수들에게 달려 있었다. 진리와 학문의 전당마저 세상의 유혹과 위협에 굴복하면, 교회개혁의 가능성은 더욱 암담해질 수밖에 없다. 결국 해결의 실마리는 '신학자들이 얼마나 당대의 권력과 대세에 저항하며, 진리의 수호자로서 사명을 다하느냐'에서 찾을 수 있을 것이다. 그래서 지금은 20세기를 대표했던 비판적 지식인이자 행동하는 지성이었던 에드워드 사이드Edward Seid의 충고를 한국의 신학자들이 경청해야 할 때다.

> 인문학과 인문주의는 구성적으로 수정과 재숙고, 재생을 필요로 합니다. 일단 인문학이나 인문주의가 전통이라는 미라로 굳어버리면, 그들 자신의 본모습이기를 그치며, 숭배와 억압의 도구가 되어버리고 맙니다.[135]

> 언제든, 어디서든, 변증법적으로, 대립적으로 제가 앞서 언급한 투쟁을 드러내고 설명하며, 강요된 침묵과 보이지 않는 권력의 정상화된 평온에 도전하고 이를 물리치는 것이 지식인의 역할입니다. 거대하고 거만한 권력 집단과 이 집단의 활동을 정당화하고 위장하고 신비화하면서 또한 권력에 도전하거나 이의를 제기하는 것을 막기 위한 목적으로 이용되는 담론 사이에는 사회적이고 지적인 상응관계가 있기 때문입니다."

나가는 글

위기에 처한 한국 사회를 위해 분투하며 이 사회의 미래를 준비
해야 할 청년들이 이 나라를 '헬조선'이라고 부르며 '탈출'과 '죽
창'을 운운하는 현상은 결코 무시할 수 없는 심각한 문제다. 정치
권이나 보수주의자들은 이런 현상을 무책임하거나 무능력한 개
인들의 근거 없는 불평쯤으로 폄하하는 경향이 있으나, 상황은
그들이 생각하는 것보다 훨씬 더 심각하고 복잡하다. 애국이나
민족에 별다른 정서적 감흥이 없는 젊은 세대들은 이 땅에서 더
이상 희망을 찾을 수 없다고 판단할 때, 주저하지 않고 탈출을 감
행하거나 죽창을 들 수 있기 때문이다. 상상해보자. 청년들이 떠
나고 아기들이 태어나지 않아서 거대한 양로원으로 변한 오늘의
농촌이 대한민국의 미래가 된다면 어찌할 것인가! 진정, '헬조선'
이며 디스토피아다.

또한 세상의 빛과 소금이어야 할 기독교인들이 스캔들의 주인

공으로 세상의 주목을 받고, 개혁과 계몽의 주체가 되어야 할 교회가 오히려 비난과 개혁의 대상으로 전락하는 현실은 종말의 징조임에 틀림없다. 무엇보다 그리스도라는 신성한 이름이 개독이란 치욕적 조롱으로 변질된 현실은 한국교회의 절망적 상황을 단적으로 보여준다. 이런 비극적 현실은 단지 기독교만의 종교적 문제가 아니다. "종교는 문화의 실체이며, 문화는 종교의 형식이다"는 폴 틸리히Paul Tillich의 주장에 따른다면, 종교의 부패와 타락은 곧 문화의 쇠퇴와 종말로 이어질 수밖에 없다. 따라서 이미 한국사회와 문화의 중심부를 장악한 기독교가 본질을 상실하고 일탈할 때, 그것의 부정적 영향은 사회와 문화 전체로 확산될 수밖에 없다. 광속으로 질주하는 자동차의 제동장치가 망가질 때처럼, 종교의 부패와 타락은 사회와 문화의 마지막 희망이 사라지면서 비극적 파국으로 이어질 수밖에 없다. 그래서 개독교 현상은 단순히 기독교만의 문제가 아니라, 이 나라 이 시대의 치명적 문제다.

지금까지 우리는 현재 유행 중인 '헬조선'과 '개독교' 현상을 살펴보고, 르네상스 인문주의의 역사를 간략히 검토하였다. 이어서 이런 위기 속에서 인문주의의 정신과 유산이 어떻게 적용될 수 있는지에 대해서 개인적 의견도 피력했다. 유럽 사회가 가톨릭과 프로테스탄트 사이에서 하나를 선택해야 했던 시절, 인문주의자들의 이성과 타협에 근거한 평화적 개혁안은 비현실적이고 유치해보였는지 모른다. 하지만 모두가 당파적 이익에 몰두하여 진영논리에 함몰되고 지성과 관용 대신 이념과 광기에 사로잡히며 문명이 야만의 썰물에 휩쓸리는 현재야말로 바로 그 비현실적이고 유치한 해법, 즉 지성과 윤리의 가치를 단단히 붙잡고 타협과 관용을 토대로 본질과 개혁을 추구해야 한다. 오늘날처럼 모든 것이 극단적이고 혼란스러운 때 효용성보다 본질에 충실한 것이 궁극적 해법이 된다고 정말 믿기 때문이다.

이런 맥락에서 한국교회는 인문주의를 통해 소중한 지혜와 유용한 무기를 확보해야 한다. 현실과 힘의 논리에 장악된 사람들에게 여전히 인문주의자들의 언어와 논리는 유약하고 비현실적으로 보이겠지만, 역설적으로 그렇게 유약하고 비현실적인 것에 주목해야 할 만큼 이 시대는 지극히 극단적이고 광적이다. 문명이 야만으로 추락할 때, 개혁과 재건의 열쇠는 언제나 동일하다. Ad Fontes!

참고문헌

단행본

김경재. 김창락. 김진호 외 지음.『무례한 복음: 한국기독교의 선교, 그 문제와 대안을 성찰한다』. 서울: 산책자, 2007.

김영민.『당신들의 기독교』. 서울:글항아리, 2012.

김진호.『시민K, 교회를 나가다』. 서울: 현암사, 2012.

남경태.『종횡무진 서양사2』. 서울: 휴머니스트, 2015.

박준철. "르네상스 휴머니즘과 종교개혁의 관계: 멜란히튼의 비텐베르크 대학 커리큘럼 개편을 중심으로."『서양사론』제52호 (1997. 3): 1–31.

박찬문.『르네상스 휴머니즘에 대한 종합적 해석』. 서울: 혜안, 2011.

배덕만.『한국개신교근본주의』. 대전: 대장간, 2010.

_____. "한국에서 신학과 인문학의 창조적 만남을 위한 교회사적 소고."『한국개혁신학』제32권 (2011): 233–59.

_____. "정교분리의 복잡한 역사: 한국의 보수적 개신교를 중심으로, 1945–2013."『한국교회사학회지』제43집 (2016. 4): 175–224.

성서한국 엮음,『공동체, 성경에서 만나고 세상에서 살다』, 대전: 대장간, 2015.

양희송.『다시 프로테스탄트』. 서울: 복있는사람, 2012.

양명수.『한국교회 인문주의에서 배운다』. 서울: kmc, 2014.

_____.『가나안 성도 교회 밖 신앙』. 서울: 포이에마, 2014.

오형국.『기독교 인문주의 전통의 연구』. 서울: 한국학술정보, 2008.

조용석.『츠빙글리』. 서울: 익투스, 2014.

최윤식.『2020 2040 한국교회 미래지도』. 서울:생명의말씀사, 2013.

디아메이드 맥클로흐.『종교개혁의 역사』. 이은재·조상원 옮김. 서울: CLC,

2011.

루돌프 파이퍼. 『인문정신의 역사』. 정기문 옮김. 서울: 길, 2011.

마르틴 융. 『멜란히톤과 그의 시대』. 이미선 옮김. 서울: 홍성사, 2013.

슈테판 츠바이크, 『에라스무스 평전』. 정민영 옮김. 서울: 아롬미디어, 2008.

시어도어 래브, 『르네상스 시대의 삶』. 김일수 옮김. 서울: 안티쿠스, 2008.

에드워드 사이드, 『권력과 지성인』. 전신욱·서봉섭 옮김. 서울: 창, 2011.

＿＿＿＿＿＿＿,『저항의 인문학』, 김정하 옮김, 서울: 마티, 2012.

요한 하위징아, 『에라스뮈스』, 이종인 옮김, 서울: 연암서가, 2013.

조르조 아감벤, 『호모 사케르』, 박진우 역. 서울: 새물결, 2008.

자끄 엘륄. 『뒤틀려진 기독교』. 박동열·이상민 공역. 대전: 대장간, 2012.

찰스 나우어트. 『휴머니즘과 르네상스 유럽문화』. 진원숙 옮김. 서울: 혜안, 2003.

토마스 M. 린제이. 『종교개혁사 I』. 이형기 차종순 공역. 서울: 한국장로교출판사, 1993.

폴 존슨. 『르네상스』. 한은경 옮김. 서울: 을유문화사, 2013.

Carl S. Meyer, "Christian Humanism and the Reformation: Erasmus and Melanchthon," *Concordia Theological Monthly*, 41 no 10 (Nov 1970): 637–647.

Daniel Preus, "Luther and Erasmus: Scholastic Humanism and the Reformation." *Concordia Theological Quarterly*. 46 no 2 – 3 (Apr–Jul 1982): 219–230.

Hall, Basil. *Humanists & Protestants, 1500–1900*. Scotland: T&T Clark, 1990.

Richard Klann, "Human Claims to Freedom and God's Judgment," *Concordia Theological Quarterly*. 54 no 4 (Oct 1990): 241–263.

Robert Rosin, "The Reformation, Humanism, and Education: The Wittenberg

Model for Reform." *Concordia Journal*, 16 no 4 (Oct 1990): 301–318.

신문기사, 웹사이트

조혜경·윤정민. "농담인데 불편하네 '수저 계급론'" 『중앙일보』 (2015.10.28.)

최종운. "흙수저로 오신 예수." 『뉴스앤조이』 (2015. 12. 27)

"흙수저" 『네이버사전』

JTBC. "한국 떠나고 싶다−젊은층 '헬조선' 증후군" (2015. 9. 17)

"헬조선은 극우들의 혐오언어일까?" 『경향신문』 (2015. 9. 16)

박순봉. "김무성, 왜곡되고 편협한 역사의식 가르치니. … '헬조선' '망할 대한민국' 단어 유행해," 『경향신문』 (2015. 10. 26).

『조선일보』. "헬조선은 불평분자들 마음속에" (2015. 10. 17)

『경향신문』. "헬조선은 극우들의 혐오언어일까?" (2015−9−16)

양진하. "'포기만 하며 사느니 한국 포기' 짐싸는 2030" (2015. 10. 9)

『헤럴드경제』. "'이 맛에 헬조선 삽니다' 분노 넘어 조롱 만연 2030" (2015. 10. 12)

『한겨레』. "헬조선이 풍자하는 대한민국의 현실" (2015. 8. 31)

『경향신문』. "망한민국" (2015. 10. 7.)

https://namu.wiki/w/개독교

https://ko.wikipedia.org/wiki/%ED%97%AC%EC%A1%B0%EC%84%A0

후주

1) https://ko.wikipedia.org/wiki/%ED%97%AC%EC%A1%B0%EC%84
%A0 (2016년 7월 20일 접속)

2) '집에 비데 없음' '세뱃돈 10만원 단위 못 넘어봄' '알바해 본 적 있음' '
집에 곰팡이 핀 곳 있음' 등의 항목으로 구성된 25칸이 세로, 가로, 대
각선 어디로든 5개가 일치하면 흙수저에 해당됨.

3) "시작부터 자살률 1위와 최저시급, 입시지옥 등에 시달리고 나면 2년 동
안 감금돼 군대를 가야하는데요. 군대를 갔다오고 나서도 전세대란과
고용불안, 갑을문화에 시달려야 합니다. 만 61세가 돼 국민연금을 받
는다 하더라고 노인빈곤과 무능정치, 무한경쟁, 안전불감, 정부불신
등을 겪어야 하죠. 북핵문제와 국제정세, 이념대립, 역사전쟁, 노동착
취 등은 피할 수 없습니다. 그럼에도 희망이 있습니다. 황금수저 카드
가 있는데요, 물론 선택권은 없습니다. 금수저는 자산 20억, 흙수저는
자산이 마이너스 5000만원입니다."

4) 박은하, "헬조선은 극우들의 혐오 언어일까?" 『경향신문』 (2015. 9. 16)
(http://h2.khan.co.kr/201509160818521) (2015. 7. 20 접속)

5) 박은하, "헬조선에 태어나 노오오오오력이 필요해," 『경향신문』
(2015. 9. 4)http://news.khan.co.kr/kh_news/khan_art_view.html?ar-
tid=201509042059215&dable=10.1.1 (2016. 7. 20 접속)

6) 조혜경 · 윤정민, "농담인데 불편하네 '수저 계급론'" 『중앙일보』
(2015. 10. 28)(2016. 8. 5 접속).

7) "흙수저" 『네이버사전』 http://krdic.naver.com/search.nhn?que-
ry=%ED%9D%99%EC%88%98%EC%A0%80&autoConvert=false)
(2016. 8. 5 접속). 흙수저 10계명: 1. 호기하는 건 참겠지만, 가난한 건
평생간다. 2. 흙수저가 노력하면 노력하는 흙수저다. 3. 성공하는 흙
수저는 돈을 모아서 탈출하고, 실패하는 흙수저는 돈을 쓰면서 탈출한

다. 4. 포기할 용기는 있지만 죽을 용기는 없다. 5. 애매한 흙수저보다 그냥 개거지가 편하다. 6. 노력하다 보면 돈이 아니더라도 언젠간 보상을 받는다. 7. 흙수저는 부끄러운 게 아니다. 그냥 시발 존나 힘든거다. 8. 흙수저라서 좋은 점은 여기서 더 잃을게 없다. 9. 같은 흙수저끼리라도 서로 존중해주도록 하자. 물론 내가 너보단 더 낫지만 10. 돈이 행복을 결정하는 건 아니다. 하지만 돈이 있으면 존나 행복해질 수 있다.

8) 최종운, "흙수저로 오신 예수,"『뉴스앤조이』(2015. 12. 27)(http://www.newsnjoy.or.kr/news/articleView.html?idxno=201160) (2016. 7. 20 접속).

9) 박은하, "헬조선에 태어나 노오오오오오력이 필요해,"『경향신문』(2015. 10. 2)http://news.khan.co.kr/kh_news/khan_art_view.html?artid=201509042059215&code=940100 (2016. 7. 20 접속).

10) JTBC, "한국 떠나고 싶다-젊은층 '헬조선' 증후군" (2015. 9. 17) (http://news.jtbc.joins.com/article/article.aspx?news_id=NB11035667)(2016. 7. 20 접속).

11) 박은하, "헬조선은 극우들의 혐오 언어일까?"『경향신문』(2015. 9. 16). (http://h2.khan.co.kr/201509160818521) (2015. 7. 20).

12) 박은하, '헬조선은 극우들의 혐오언어일까?'

13) 심진용 · 김지원 · 김상범, "취업 청탁은 '원원' 할 수 있다는 믿음에서 나와,"『경향신문』(2015. 8. 19)http://news.khan.co.kr/kh_news/khan_art_view.html?code=940202&artid=201508190600025 (2016. 7. 20).

14) 박순봉, "김무성, 왜곡되고 편협한 역사의식 가르치니…'헬조선' '망할 대한민국' 단어 유행해,"『경향신문』(2015.10. 26).http://news.khan.co.kr/kh_news/khan_art_view.html? artid=201510260935241&code=910100 (2016. 7. 20).

15) 남정욱, "헬조선은 불평분자들 마음속에,"『조선일보』(2015. 10. 17). http://news.chosun.com/site/data/html_dir/2015/10/16/ 201510 1602318.html(2016. 7. 20 접속).

16)『중앙일보』, "'헬조선' 외는 젊은이여, 지옥을 천국으로 만들 용기 없는가?"(2015. 10. 31) (http://news.joins.com/article/18975520) (2016. 7. 20 접속).

17) 박은하, "헬조선은 극우들의 혐오언어일까?"

18) 양진하, "'포기만 하며 사느니 한국 포기' 짐싸는 2030",『한국일보』 (2015. 10. 9)http://www.hankookilbo.com/v/7c8c56932bf-c487794343f71dfa5f211 (2016. 7. 20 접속).

19) 배두헌, "'이맛에 헬조선 삽니다' 분노 넘어 조롱 만연 2030,"『헤럴드경제』(2015. 10. 12)http://news.heraldcorp.com/view.php?ud=20151012000152&md=20151013003931_BL (2016. 7. 20 접속).

20) 진명선, "헬조선이 풍자하는 대한민국의 현실,"『한겨레신문』 (2015. 8. 31)http://www.hani.co.kr/arti/economy/economy_gener-al/706752.html (2016. 7.20).

21) 이택광, "망한민국,"『경향신문』(2015. 10. 7)http://news.khan.co.kr/kh_news/khan_art_view.html?code=990100&artid=201510072047475 (2016. 7. 20 접속).

22) '개독'이란 표현이 등장한 것은 "2000년대 초반의 모 통신동호회 등을 통해서 안티 활동이 본격화되던 시점에 유발된 몇몇 논쟁 때문"이라고 하며, "단어를 쓰는 사람에 따라 개독교라는 단어는 교리나 성경 뜻의 본질을 잃고 무지하고 일부 썩어빠진 타락한 개신교 신자들을 일컫는 말일 수도 있고 개신교 또는 기독교 전체를 일컫는 말일 수도 있다. 요즘에는 그냥 어느 기독교인이 마음에 안 드는 짓을 하면 그 사람에게 개

독이라 욕하는 경우도 꽤 많다."(https://namu.wiki/w/개독교)(2016. 8. 12 접속).

23) 양희송, 『다시 프로테스탄트』, (서울: 복있는사람, 2012), 25-8.

24) "젖과 꿀이 흐르는 땅을 일컬어 가나안이라고 하지만, 한국 교회의 잇 따른 세습과 부패의 문제를 통해 교회를 안 나가는 신자들이 늘어나 생 겨난 신조어로 가나안을 거꾸로 해서 (교회) 안 나가는 성도(신자)들을 일컬어 가나안 성도라고 붙여지게 된 것"이다 (http://kin.naver.com/ openkr/detail.nhn?docId=196462)(2016. 8. 20 접속).

25) 양희송, 『가나안 성도 교회 밖 신앙』(서울: 포이에마, 2014), 36.

26) 최윤식, 『2020 2040 한국교회 미래지도』(서울: 생명의말씀사, 2013), 185.

27) 양희송, 『가나안 성도 교회 밖 신앙』, 35.

28) 최윤식, 『2020 2040 한국교회 미래지도』, 13.

29) 최윤식, 『2020 2040 한국교회 미래지도』, 179-80.

30) 김진호, 『시민K, 교회를 나가다』(서울: 현암사, 2012), 252-53.

31) 김진호, 『시민K, 교회를 나가다』, 239.

32) 김진호, 『시민K, 교회를 나가다』, 237-42.

33) 자끄 엘륄, 『뒤틀려진 기독교』, 박동열 이상민 옮김 (대전: 대장간, 2012), 76-8. 교회 속에 들어온 이교주의의 잔재와 그 역사에 대해선, 프랭크 바이올라 조지 바나, 『이교에 물든 기독교』, 이남하 역 (대전: 대장간, 2011)을 참조하시오.

34) 무속과 기독교의 복합적 관계에 대해선, 성서한국 엮음, 『공동체, 성경 에서 만나고 세상에서 살다』(대전: 대장간, 2015), 28-31 참조. 여기 서 배덕만은 무속과 한국개신교의 관계를 부정적 측면, 중립적 측면, 그리고 부정적 측면으로 구분하여 분석했다.

35) 교회세습반대운동연대 기획 배덕만 책임집필, 『교회 세습, 하지 맙시

다: 교회세습반대운동연대 보고서』(서울: 홍성사, 2016), 17-27.

36) 배덕만, "정교분리의 복잡한 역사: 한국의 보수적 개신교를 중심으로, 1945-2013," 『한국교회사학회지』제43집 (2016. 4): 175-224 참조.

37) 한국교회의 문제를 선교적 차원에서 다양하게 분석한 것은 김경재, 김창락, 김진호 외 지음, 『무례한 복음: 한국기독교의 선교, 그 문제와 대안을 성찰한다』(서울: 산책자, 2007)이 있다.

38) 배덕만, 『한국개신교근본주의』(대전: 대장간, 2010) 참조.

39) 김진호, 『시민K, 교회를 나가다』, 252-53.

40) 최규창, 『고통의 시대, 광기를 만나다』(서울: 강같은평화, 2012), 361-62.

41) 양희송, 『다시 프로테스탄트』, 179-81.

42) 남경태, 『종횡무진 서양사 2』(서울: Humanist, 2015), 52.

43) 폴 존슨, 『르네상스』, 한은경 옮김 (서울: 을유문화사, 2013), 25-6.

44) 폴 존슨, 『르네상스』, 26-32.

45) 폴 존슨, 『르네상스』, 50-1.

46) 디아메이드 맥클로흐, 『종교개혁의 역사』, 이은재 조상원 옮김 (서울: CLC, 2011), 131.

47) 남경태, 『종횡무진 서양사』, 45.

48) 폴 존슨, 『르네상스』, 9-10.

49) 폴 존슨, 『르네상스』, 35.

50) 남경태, 『종횡무진 서양사』, 48-50.

51) 시어도어 래브, 『르네상스 시대의 삶』(서울: 안티쿠스, 2008), 32.

52) 시어도어 래브, 『르네상스 시대의 삶』, 38.

53) 디아메이드 맥클로흐, 『종교개혁의 역사』, 134.

54) 오형국, 『기독교 인문주의 전통의 연구』(서울: 한국학술정보, 2008), 16.

55) 디아메이드 맥클로흐, 『종교개혁의 역사』, 130.

56) "독일의 교육학자인 니이타머(Friedrich, I. Niethammer)가 『현대교수법 이론에서 휴머니즘과 박애주의 논쟁』(*Der Streit des Humanismus und Philanthrophismus in der theorie des Erziehungsunterrricht unsere Zeit*, Jena, 1808)을 출간하면서 중등학교에서 인성교육을 위하여 고전교육을 강화할 필요성이 있음을 역설하기 위하여 새로 만든 용어가 휴머니즘이었다." 오형국, 『기독교 인문주의 전통의 연구』, 17.

57) 폴 존슨, 『르네상스』, 51.

58) 폴 존슨, 『르네상스』, 48.

59) 디아메이드 맥클로흐, 140-41. 찰스 나우어트는 독일의 예를 들어서, 인문주의와 인쇄소의 관계를 이렇게 설명한다. "독일 휴머니스트들은 점차 여론의 형성을 주도하는 출판물의 가능성을 인지하였다. 인쇄산업은 거의 처음부터 휴머니스트들을 편집자와 번역자, 그리고 논문, 시, 헌사, 논쟁의 필자로 고용했다. 대부분의 휴머니스트들은 여전히 학교와 대학에서 가르치는 일을 본업으로 삼았지만, 인쇄소는 그들의 또 다른 중요한 일터가 되었고, 나아가 지적 문화와 대중적 문화 모두의 또 다른 무대가 되었다." 찰스 나우어트, 『휴머니즘과 르네상스 유럽문화』(서울: 혜안, 2003), 302.

60) 오형국, 『기독교 인문주의 전통의 연구』, 20.

61) 디아메이드 맥클로흐, 『종교개혁의 역사』, 137.

62) 오형국, 『기독교 인문주의 전통의 연구』, 24.

63) 디아메이드 맥클로흐, 『종교개혁의 역사』, 169.

64) 찰스 나우어트, 『휴머니즘과 르네상스 유럽문화』, 44.

65) "그들은 이교도시대의 지성인들의 삶을 총체적으로 획득해서 이교도시대의 윤리적, 지적 개념, 감각적 쾌락의 원천, 그리고 감각적 삶의 즐거움까지 그대로 적용하였다. 그러나 이들의 주된 생각은 헬레니즘과

유태이즘이 기독교에 대한 통로였음을 밝히려는 데 있었으므로 시벨
(Sybil)과 다윗(David)은 다같이 그리스도에 대한 증인이라고 하였다."
토마스 M. 린제이, 『종교개혁사 I』(서울: 한국장로교출판사, 1993),
63.

66) 찰스 나우어트, 『휴머니즘과 르네상스 유럽문화』, 312.

67) 디아메이드 맥클로흐, 『종교개혁의 역사』, 138. 맥클로흐가 소개하는
제롬의 대표적 오류는 다음과 같다. "가장 이해할 수 없는 것 중 하나가
출애굽기 34장에 기록되어 있는데, 이브리어 사본에는 모세가 십계명
을 받아가지고 시내산에서 내려올 때, 얼굴에 광채가 난다고 기록하고
있는데 제롬은 크게 실수를 했다. 히브리어 문법의 분사변화를 잘못 이
해한 제롬은 모세가 한쌍의 뿔을 지니고 있었다고 오역을 한 것이다.
심지어 인문주의자들이 출애굽기 본문에서 조롱하듯이 그 뿔들을 제
거해 버렸지만, 그 후에도 서방교회 미술세계에는 여전히 모세를 뿔을
가진 자로 묘사하곤 했다."

68) 토마스 M. 린제이, 『종교개혁사 I』, 63-4.

69) 디아메이드 맥클로흐, 『종교개혁의 역사』, 139.

70) 교황의 역사에 대해선, 존 줄리어스 노리치, 『교황연대기』, 남길영 외
옮김 (서울: 바다출판사, 2014) 참조하시오.

71) 토마스 M. 린제이, 『종교개혁사 I』, 72-94 참조.

72) 찰스 나우어트, 『휴머니즘과 르네상스 유럽문화』, 312.

73) 찰스 나우어트, 『휴머니즘과 르네상스 유럽문화』, 313.

74) 제임스 몬티, 『성 토마스 모어』, 성찬성 역 (서울: 가톨릭출판사,
2006).

75) 존 콜렛의 생애와 사상에 대해선, 박찬문, 『르네상스 휴머니즘에 대한
종합적 해석』 (서울: 혜안, 2011)의 '제6장 콜레트의 종교사상'을 참
조하시오.) 『콤플루툼 다국어 대조성경』의 탄생과정에 대해선, "Car-

dinal Jim nez de Cisneros and the Complutensian Bible," in *Basil Hall*, *Humanists & Protestants*, 1500-1900 (Scotland: T&T Clark, 1990), 1-51 참조.

76) 찰스 나우어트, 『휴머니즘과 르네상스 유럽문화』, 317.

77) 대부분의 에라스무스 연구자들은 콜렛과의 만남이 에라스무스의 삶에 결정적인 영향을 끼쳤다고 믿지만, 찰스 나우어트는 다른 해석을 내놓았다. "에라스무스는 재미있고 잠재적인 후원자인 콜렛에게 친절하게 대하려고 노력하면서도 성경해석자로서의 콜렛의 한계성을 냉정하게(비록 사적으로나마) 지적했다는 증거가 있다. 그러므로 1499년 옥스퍼드에서의 그들의 만남이 에라스무스의 인생을 혁명적으로 바꾸었다는 것은 하나의 신화일 뿐이다. 영국에서 에라스무스의 인생행로를 바꿀 사건이 있었다고 한다면, 그 사건은 아마 어느 한 사람이 아니라 리너커와 그로신 같은 이탈리아에 유학한 그리스 문화 숭배자들과의 교제였을 것이다." 찰스 나우어트, 『휴머니즘과 르네상스 유럽문화』, 320. 하지만 나우어트의 해석은 설득력이 부족해 보인다. 에라스무스가 콜렛의 학문성에 대해 높이 평가하지 않은 것은 후대의 일이며, 또 부정적으로 평가했다고 해서 전혀 영향을 받지 않았다고 단정할 수도 없기 때문이다.

78) 찰스 나우어트, 『휴머니즘과 르네상스 유럽문화』, 331.

79) 디아메이드 맥클로흐, 『종교개혁의 역사』, 159.

80) 찰스 나우어트, 『휴머니즘과 르네상스 유럽문화』, 322.

81) 에라스무스의 사상에 대한 심도 있는 연구는, 박찬문, 『르네상스 휴머니즘에 대한 종합적 해석』, 263-420 참조하시오.

82) 에라스뮈스, 『우신 예찬』, 강민정 역 (서울: 서해문집, 2008).

83) 디아메이드 맥클로흐, 『종교개혁의 역사』, 177. 에라스무스와 루터의 논쟁에 대해선, Daniel Preus, "Luther and Erasmus: Scholastic Human-

ism and the Reformation"과 Richard Klann, "Human Claims to Freedom and God's Judgment," in *Concordia Theological Quarterly*, 54 no 4 (Oct 1990): 241-63 참조하시오.

84) 디아메이드 맥클로흐, 『종교개혁의 역사』, 160-61.

85) 찰스 나우어트, 『휴머니즘과 르네상스 유럽문화』, 329.

86) 루돌프 파이퍼, 『인문정신의 역사』, 130.

87) 디아메이드 맥클로흐, 『종교개혁의 역사』, 160.

88) 루돌프 파이퍼, 『인문정신의 역사』, 정기문 옮김 (서울: 길, 2011), 114.

89) "만약 세상이 반드시 피해야 할 것이 있다면 그것은 다름 아닌 전쟁이다. 인간사 가운데 이보다 끔찍하고, 이보다 악하고, 이보다 뿌리 깊고, 이보다 파괴적이고, 이보다 인간의 존엄에 커다란 상처를 입히는 행위는 없기 때문이다." 에라스무스, 『격언집』, 김남우 옮김 (서울: 부북스, 2014), 210.

90) 루돌프 파이퍼, 『인문정신의 역사』, 122.

91) 요한 하위징아, 『에라스뮈스』, 이종인 옮김 (서울: 연암서가, 2013), 205.

92) 루돌프 파이퍼, 『인문정신의 역사』, 131.

93) 슈테판 츠바이크, 『에라스무스 평전』, 정민영 옮김 (서울: 아롬미디어, 2008), 254.

94) 요한 하위징아, 『에라스뮈스』, 398.

95) 에라스무스와 루터로 대표되는 기독교 인문주의자와 종교개혁자 간의 공통점과 차이점을 적절히 비교한 연구로는 Daniel Preus, "Luther and Erasmus: Scholastic Humanism and the Reformation," in *Concordia Theological Quarterly*, 46 no 2 - 3 (Apr-Jul 1982): 219-230.

96) "인문주의자들과 종교개혁자들 둘 다 같은 전문적 직업을 가진 집단 곧

스콜라주의 신학자들을 공격하고 있었다." 디아메이드 맥클로흐, 『종교개혁의 역사』, 142.

97) "아주 초기부터 다수의 신학자들은 에라스무스의 신학과 그의 '그리스도의 철학'을 루터에 의해 독일에서 확산되어 간 새로운 이단과 연결지었다." 찰스 나우어트, 『휴머니즘과 르네상스 유럽문화』, 336.

98) 마르틴 융, 『멜란히톤과 그의 시대』, 이미선 역 (서울: 홍성사, 2013), 19.

99) 오형국, 『기독교 인문주의 전통의 연구』, 77-8.

100) "중요한 것은 에라스무스와 마틴 루터 간의 자유의지에 대한 치열한 쟁론 중에, 루터가 고의로 오리겐의 삼분설을 조롱했다는 점이다. 이와 유사하게 루터의 동료 필립 멜랑히톤(Philip Melanchthon)도 루터파의 기념비적 선언인 1530년 아우크스부르크신앙고백 초안을 작성할 때, 오리겐의 구원론을 정죄목록에 포함시켰다. 이는 오리겐을 정죄함으로써 결과적으로는 에라스무스를 정죄하는 것이었다. 이것은 위대한 인문주의자와 교회의 과거를 독립적인 사고를 통해 이해하려는 에라스무스의 시도에 대한 어거스틴주의 종교개혁의 선전포고였다." 디아메이드 맥클로흐, 『종교개혁의 역사』, 179.

101) "그들의 탁월한 제자들 중 다수는 어느 한쪽을 선택해야 하는 순간이 오면 에라스무스 대신 루터를 택했다. … 에라스무스는 자신이 이단으로 몰릴까봐 친구에게 등을 돌린 것이 아니라고 단호하게 주장했으나, 종교적 차이는 그와 카피토, 오이콜람파디우스, 펠리칸 등과 같은 몇몇 젊고 유능한 제자들 사이의 관계를 악화시켰다." 찰스 나우어트, 『휴머니즘과 르네상스 유럽문화』, 342.

102) 찰스 나우어트, 『휴머니즘과 르네상스 유럽문화』, 340.

103) "그는 에라스뮈스의 열렬한 찬미자였고 에라스뮈스도 마찬가지로 똑같이 그를 찬미하였다." 루돌프 파이퍼, 『인문정신의 역사』, 146.

104) 멜랑히톤의 생애에 대해선, 마르틴 융, 『멜란히톤과 그의 시대』를 참조하시오. 에라스무스와 멜란히톤에 대한 직접적 비교는 Carl S. Meyer, "Christian Humanism and the Reformation: Erasmus and Melanchthon," in *Concordia Theological Monthly*, 41 no 10 (Nov 1970): 637-47.

105) 츠빙글리의 생애에 대해선, 조용석, 『츠빙글리』(서울: 익투스, 2014)와 로버트 하인리히 와닝거, 『츠빙글리의 종교개혁 이야기』, 정미현 옮김 (서울: 한국장로교출판사, 2002)를 참조하시오.

106) https://en.wikipedia.org/wiki/Martin_Bucer (2016. 8. 5 접속)

107) https://en.wikipedia.org/wiki/Konrad_Pellikan (2016. 8. 5 접속)

108) https://en.wikipedia.org/wiki/Wolfgang_Capito (2016. 8. 5 접속)

109) https://en.wikipedia.org/wiki/Joachim_Vadian (2016. 8. 5 접속)

110) 찰스 나우어트, 『휴머니즘과 르네상스 유럽문화』, 294-95.

111) 찰스 나우어트, 『휴머니즘과 르네상스 유럽문화』, 294-95.

112) 박준철, "르네상스 휴머니즘과 종교개혁의 관계: 멜란히튼의 비텐베르크 대학 커리큘럼 개편을 중심으로," 『서양사론』 제52호 (1997. 3), 7-8.

113) 박준철, "르네상스 휴머니즘과 종교개혁의 관계," 8.

114) D. Martin Luthers Werke. *Briefwechsel* (WA Br) (Weimar, 1930-1978), 1, no. 74, p. 170. 박준철, "르네상스 휴머니즘과 종교개혁의 관계," 9에서 재인용.

115) 박준철, "르네상스 휴머니즘과 종교개혁의 관계," 20.

116) 비텐베르크대학의 교과과정 개편에 대해선, 박준철, "르네상스 휴머니즘과 종교개혁의 관계"와 Robert Rosin, "The Reformation, Humanism, and Education: The Wittenberg Model for Reform," *Concordia Journal*, 16 no 4 (Oct 1990): 301-18을 참조하시오.

117) 찰스 나우어트, 『휴머니즘과 르네상스 유럽문화』, 292.

118) Robert Rosin, "The Reformation, Humanism, and Education: The Wittenberg Model for Reform," 309.

119) 박준철, "르네상스 휴머니즘과 종교개혁의 관계," 26.

120) 박준철, "르네상스 휴머니즘과 종교개혁의 관계," 28.

121) 하이델베르크, 라이프치히, 로스토크, 그라이프스발트, 튀빙겐, 프랑크푸르트 안 데르 오더, 마르부르크, 예나 등이 대표적인 예다. 인문주의의 영향을 루터의 개신교 진영만 수용한 것은 아니다. 인문주의는 가톨릭대학들도 수용하여, 나름대로 자신의 새로운 전통을 확립했다. 당시에, 대학이 인문주의를 수용하는 것은 시대적 대세였던 것이다. "쾰른, 프라이부르크 임 부라이스가우, 인골스타트, 마인츠, 빈 같은 일부 대학들은 사실 가톨릭적 정통성을 보전했다. 그러나 이들 대학들도 휴머니즘으로 나아가는 경향에 영향을 받았다. 새로운 교육 형태를 강하게 거부하던 대학들은 긴 침체기를 겪어야 했고, 다수의 가톨릭 대학들은 인문학부가 부분적 또는 전체적으로 새로운 예수회—예수회는 심히 정통적인 자체의 휴머니스트적 교육개혁안을 개발했다—에 장악될 때인 16세기 중엽 이후에야 그런 침체에서 겨우 벗어날 수 있었다." 찰스 나우어트, 『휴머니즘과 르네상스 유럽문화』, 300-1.

122) Robert Rosin, "The Reformation, Humanism, and Education," 301.

123) '호모 사케르'는 모든 법적 보호에서 박탈당한 인간, "벌거벗은 생명"을 가리킨다. 누구라도 죽일 수 있으며, 그런 행위 때문에 법적인 처벌을 받지 않는다. 이에 대해선, 조르조 아감벤, 『호모 사케르』 박진우 역 (서울: 새물결, 2008)을 참조하시오.

124) 찰스 나우어트, 400.

125) 그 결과, 사회계층구조의 붕괴를 두려워한 각국의 왕실들이 라틴어 문법학교들의 확산을 우려하며, 조직적으로 방해했다. 찰스 나우어

트, 361.

126) *Ibid.*, 355

127) 폴 존슨, 238.

128) 폴 존슨, 240.

129) 찰스 나우어트,

130) 양명수, 『한국교회 인문주의에서 배운다』 (서울: kmc, 2014), 229.

131) 김영민, 『당신들의 기독교』 (서울: 글항아리, 2012), 12.

132) 배덕만, "한국에서 신학과 인문학의 창조적 만남을 위한 교회사적 소고," 『한국개혁신학』 제32권 (2011), 251.

133) "권력은 지성인의 흡수고용과 편입을 통해 여전히 지성인이 목소리를 효과적으로 침묵시키고 있으며, 지성인들이 자신들의 소명으로부터 일탈하는 사례가 변함없이 매우 빈번하게 발생하고 있다." 사이드, 『권력과 지성인』, 전신욱 서봉섭 옮김 (서울: 창, 2011), 55.

134) 에드워드 사이드, 『저항의 인문학』, 김정하 옮김 (서울: 마티, 2012), 56.

135) 에드워드 사이드, 『저항의 인문학』, 178.